対決！ 日本史

戦国から鎖国篇

安部龍太郎　佐藤優
Abe Ryutaro　Sato Masaru

潮新書
035

潮出版社

まえがき

安部龍太郎

「日本史について、佐藤優さんと対談していただけませんか」

旧知の編集者から提案されたとき、内心二の足を踏んだ。

何しろ今をときめく「知の巨人」であり、博覧強記《はくらんきょうき》ぶりは雑誌や書籍で常々お見受けしている。外務省の主任分析官として活躍し、鈴木宗男《むねお》氏の事件に連座《れんざ》する形で罪に問われ、『国家の罠』（新潮文庫）などの作品で「国策捜査」の実態を明らかにした不屈の男でもある。

私のように歴史小説しか書いてこなかった人間には話についていけず、相手に対して失礼になるのではないかと危惧《きぐ》したのだった。

しかし一方、おもしろそうだと心を動かされた面もあった。というのは2019年2月に司馬遼太郎記念財団が主催した「第23回菜の花忌シンポジウム」に同席し、『梟の城』（新潮文庫）についての佐藤優の傑出《けっしゅつ》した意見を聞いていたからである。

長年外交官として働き、この国を外からとらえる目を養《やしな》ったせいか、日本史についての視野が広く、事実に即した分析が鋭い。

それに案外気さくで、気が合いそうだという印象をもった。少々強面《こわもて》（失礼）だけど、心優しく思いやり深い性格だと見受けたが、その思いは『友情について』（講談社）を読んでいっそう強くなった。

「よし、引き受けよう」

決断の決め手になったのは、『国家の罠』を読んだことである。

この中で佐藤は、外務省の主任分析官としての体験と、情報のプロとしての身の処《しょ》し方《かた》を克明に語っている。国家の方針が大きく変わるときに何が起こり、それがどれほど無慈悲に個人を押し潰《つぶ》すかも、覚悟を秘めた静かな筆致《ひっち》で記している。

まるで『史記』を残した司馬遷《しばせん》のように、正しい歴史を後世に残さなければならないという使命感と責任感に裏打ちされた強靭《きょうじん》な態度である。

獄中にあった512日間、彼を支えたのはそうした心のもち方だったが、もう一つ重要な要素がある。それは佐藤がプロテスタントであり、キリスト教神学の研究者であることだ。

そうした信仰や学問によって自分を客観視する力を身につけ、より良く生きるにはどうすればいいかという問題と常に対峙《たいじ》しつづけてきた。だから国家をも超越的な観察者の立場から相対化し、理不尽な強権にも罠にも屈することがなかったのである。

そんな人物と対談できる機会を逃《のが》してはならない。そう思ったし、私が長年取り組んできた問題を語り合うのに、彼ほどの適任者はいない気がした。

その問題の一つは、戦国時代の日本は世界の大航海時代の中でとらえなければ理解することができないということである。

私はもう30年ちかく、そうした問題意識をもって歴史小説を書きつづけてきたが、江戸時代に作られ、明治維新後も是正されなかった鎖国史観にとらわれた人々には、なかなかわかってもらえない。

学校でも日本史と世界史を分けて教え、日本と世界の関わりを軽視していることが、こうした傾向をますます助長している。この点について、外交官として世界の中の日本を見つづけてきた佐藤は、どんな考えをもっているか知りたかった。

もう一つの問題は、戦国時代におけるイエズス会の活動についてである。

日本の歴史教育では、フランシスコ・ザビエルの来日はキリスト教の布教の観点から語られることが多い。ところが彼らがポルトガルの支援を受け、外交官や商社マンとしてポルトガルの国益（その主たるものは他国の植民地化）のために奔走《ほんそう》していたことは厳然《げんぜん》たる事実である。

彼らはポルトガルの委託《いたく》を受け、貿易の相手を選ぶ権限さえもっていた。それゆえ布教に協力しない者や入信を拒みつづける者には、硝石《しょうせき》（火薬の原料）や鉛（弾の原料）を売らないという方針を取ることができた。

時は戦国時代であり、鉄砲を使用できるかどうかが戦《いくさ》の勝敗を分けたのだから、戦国大名に与えたイエズス会の影響は甚大《じんだい》だった。ところが従来の日本史においては、このことについて語られることがあまりにも少ない。

キリスト教の歴史にも詳しい佐藤が、この問題についてどう考えているか是非とも聞かせてもらいたい。そんな腹づもりをして対談に臨んだが、結果は期待していた以上に豊かで、知的刺激に満ちたものだった。

タイトルを『対決！日本史』にしたのは、それぞれ違う分野を歩いてきた二人の個性と認識がぶつかり合い、火花を散らす様子を表したかったからである。

対談中にも、ここは明確にとらえ方が違うと感じることや、この分野ではとても学識が及ばないと脱帽《だつぼう》するところもあったが、思った以上に共感、共鳴するところが多かった。

そして語り合うにつれて、日本の現状に鋭い危機感をもつスサノオ的な二人が、従来の史観を醸成《じょうせい》してきたオーソリティ（権威者）に対決を挑むような様相を呈《てい》してきたのだった。

対決！日本史

戦国から鎖国篇

目次

第2章 歴史から読み解く日韓関係 49

第3章 大航海時代と重商主義の時代 77

第5章 織田信長「時代に呼ばれていた男」 137

第1章　乱世を生き延びるための「史観」

①歴史についての情報量　②歴史と対峙した経験
③そこから生まれる発想力の3本柱によって、
真の歴史的な教養を身につけることができる。
そのうえで「戦国から鎖国」の歴史を
ひもとくカギは何か。それは、鎖国史観を
覆す「日本と世界」という眼差しだ。

■北京やモスクワ、北朝鮮や韓国のラジオを聴いていた少年時代

佐藤―私は小さいころラジオ少年だったものですから、短波ラジオで北京《ペキン》放送やモスクワ放送、韓国の国際放送KBSや北朝鮮の平壌《ピョンヤン》放送をよく聴いていました。ラジオを聴きながら「ああ、世界にはいろいろな国があるのだな」と関心が高じて、高校1年生のときにソ連と東欧《とうおう》へ42日間の一人旅に出かけたのです（詳《くわ》しくは著書『十五の夏』上下巻、幻冬舎）。あの経験は、私にとってきわめて重要な世界との出合いでした。

安部―僕の生家は福岡県黒木町（現・八女《やめ》市）のすごい山奥《やまおく》にありまして、ラジオが明確に入るのは中国の北京放送だけでした。NHKをはじめ日本のラジオはガーガー雑音だらけでろくに聴《き》き取《と》れないのに、どういうわけか北京放送だけはすごくクリアに入るのです。

北京放送は日本人向けに日本語で放送を流していまして「日本の労働者の皆さん！」とか「貧農《ひんのう》・下層中農の皆さん！」と呼びかけていたのを、今でもよく覚えています。あれが僕にとっての最初の国際経験でした。

佐藤―当時のモスクワ放送はソフトでして、アナウンサーは普通《ふつう》のしゃべりとほとんど変わりませんでした。１９６０年代半ばから70年代半ばは文革（文化大革命）の真っ最中でした

から、北京放送は肩《かた》にすごく力が入っていました。それにしても、日本のラジオが入らない山奥でもクリアに聴けたとは、北京放送はものすごい出力でアンテナから電波を発信していたのでしょうね。

■作家になることを決意した初めてのインド旅行

安部―僕が初めて海外旅行へ出かけたのは1983年です。28歳のとき、たまたま友人に誘《さそ》われてインドへ出かけました。

佐藤―夏休みかなにかを利用して出かけたのですか。

安部―そうです。誘ってくれた友人が出版社に勤めていまして、ボーナス代わりにインド旅行券をもらったと言うのです。「半額で行けるからおまえも行かんか」と誘われ、思いきって出かけてみることにしました。

当時はまだ役所（東京都大田区役所）に勤めていまして、作家になるかどうか悩《なや》みながら、なかなか公務員を辞《や》められなかったのです。家族も子どももいましたから、役所を辞める決断がつかなくて1～2年もグジグジ悩んでいました。

佐藤―専業作家になると、毎月の給料もボーナスもゼロですからね。私も専業作家になったときには、安部先生と同じ不安感を覚えました。

安部― 10日か12日か休みを取ってニューデリー、ヴァーラーナシー、ブッダガヤなどを回りながら「自分は今まで、日本でしか通用しない価値観をもって生きてきたのだな」と非常に強く感じたのです。自分がこれまで縛《しば》られてきた価値観なんて、突《つ》き放《はな》して相対化してみれば、いかにちっぽけなものか。そのことに気づいた僕は、インドから帰国してすぐに役所に辞表を提出しました。

佐藤― 28歳のインド旅行が「作家・安部龍太郎」誕生のきっかけだったのですね。

■朴正熙・軍事政権下の韓国を訪れた大学1年生の思い出

佐藤― これは今までほとんど原稿《げんこう》に書いたことがない話なのですが、同志社大学神学部1回生だった1979年、私は韓国へ旅行に出かけたことがあるのです。19歳でした。

安部― なんでまた韓国へ出かけてみようと思ったのですか。

佐藤― 大学に入って1カ月勉強したところ、5月の連休がやってきますよね。キリスト教の勉強をしながら「なんだかここは緊張《きんちょう》感が欠けている場所だな。自分はこれでいいのだろうか」と思って、2週間ばかり外の世界を見てみようと思ったのです。

安部― 79年というと、朴正熙《パク・チョンヒ》*1大統領の軍事独裁政権下の時代ですね。

佐藤― ええ。夏休みにその韓国へ出かけました。当時の韓国のビザは、30日がギリギリの上限です。まず15日間のビザが出て、残り15日間は現地で延長を申請《しんせい》しました。なにしろ軍事独裁政権下ですから、いろいろ尋問《じんもん》されたりけっこうビザの審査《しんさ》が厳しいのです。

1カ月過ごしてみると、韓国の学生たちは非常に緊張感がある中で勉強していることがよくわかりました。と同時に、反体制派の人たちは、朴正熙政権は嫌《きら》いだけど大韓民国そのものは愛しているのです。「彼らと比べれば、自分ははるかに良い環境《かんきょう》で暮らしているのだな。もっと勉強しなければいけない」と思って日本へ帰ってきました。

安部― 朴正熙体制の韓国の街の中は、どんな雰囲気《ふんいき》でしたか。

佐藤― 朴正熙が9回目の大統領緊急措置《きんきゅうそち》を出して、人々の間には大変な緊張感が張《は》り詰《つ》めていました。夕方5時になると、街じゅうの至るところにあるスピーカーから愛国歌が流れます。すると全員太極旗（韓国の国旗）の方向を向いて、直立不動の姿勢で立ち止まるのです。

夜の12時から明け方4時までは外出禁止令が出ていますから、夜11時になるとみんな駆《か》けてタクシーを拾い、あわてて街から消えていなくなります。本当に人っ子一人いなくなるのです。月に1回は防空演習があって、みんなが防空壕《ぼうくうごう》に入って隠《かく》れる。すぐ隣《となり》の国でこんな緊張があるのかと、本当に驚《おどろ》きました。

結局、大学1回生の79年に2回、大学3回生の81年にも1回韓国を訪れています。韓国では、ドイツ語と英語で書かれた神学書をたくさん買ってお土産《みやげ》にもってきました。当時の韓国は経済力が弱く物価が安かったので、日本に比べるとはるかに安く哲学書や神学書が買えたのです。リュックサックにいっぱい本を詰《つ》めて戻《もど》ってきたら、旅行にかかったオカネよりも本に使ったオカネのほうが多くなっちゃった。あのときの韓国旅行は、自分の世界観を形成するうえでとても重要な経験でした。

■ 秀吉の朝鮮出兵　朝鮮人大虐殺と「耳塚」

佐藤─韓国では8月15日の終戦記念日が「光復節」と呼ばれていまして、テレビでは安《アン・》重根《ジュングン》＊2が伊藤博文《ひろぶみ》＊3を暗殺した話を紹介《しょうかい》したりします。それを見た韓国人から「君は安重根を知っているか」と訊《き》かれました。古代史についても「日本では任那《みまな》日本府（朝鮮半島に設置されたと言われる日本の出先機関。『日本書紀』に記述があるものの真偽《しんぎ》は不明）があったと教えているのか」と訊かれたこともあります。

安部─僕にも同じ経験があります。これは作家になってからの話ですけど、豊臣秀吉の朝鮮出兵について調べるため、韓国のほぼ全域を取材で回ったことがありました。日本が造った山城なんかをめぐっていると、あちこちで「秀吉が韓国でどういうことをしたか知っているか。それについて君はどう思っているか」と尋《たず》ねられたものです。

佐藤―耳塚《みみづか》の話を、韓国人はみんな知っていますからね。

安部―ええ。あれはひどい話です。首をもって帰ると重いものだから、秀吉軍は殺した朝鮮人の耳や鼻をそいで秀吉のところへ届けました。京都市東山区に、その耳や鼻が埋《う》められた耳塚が今もあります。

佐藤―韓国人は加藤清正《きよまさ》＊4も小西行長《ゆきなが》＊5もみんな知っていますよね。

安部―二人とも朝鮮出兵の先頭に立って部隊を指揮しました。

佐藤―日本では有名な戦国武将として名前を知られていますが、韓国では彼らは悪党の代名詞なのです。かたや秀吉軍と戦った李舜臣《イ・スンシン》＊6将軍は、韓国では英雄《えいゆう》として知られています。私が韓国を初めて訪れた当時、100ウォン硬貨《こうか》が李舜臣将軍でした。

安部―李舜臣将軍は鉄鋼で堅《かた》く防備した亀甲船《きっこう》で水軍を編制し、秀吉の朝鮮出兵を食い止めました。

佐藤―これまた学生時代の古い話ですが、韓国の街を散歩していると、店のおじさんから「日本のLPレコードがある。とても珍《めずら》しいぞ」と声をかけられたのです。ジャケットは何もかかっていなくて、レコード盤《ばん》が傷《いた》んで少し波打っていました。海賊《かいぞく》盤だったのでしょう。

安部―ジャケットなしということは、闇市《やみいち》みたいにコッソリ売っていたのですね。韓国では98年に金大中《キム・デジュン》*7大統領が文化開放政策に踏《ふ》み切《き》るまで、テレビでもお店でも日本の音楽をかけることは禁止されていました。

佐藤―そのレコードを日本に帰ってからかけてみたら、いしだあゆみの曲でした。彼女の歌《か》謡曲《ようきょく》を韓国でかけることは、79年当時禁止されていたのです。

安部―韓国で日本の映画が全面的に解禁されたのは、2004年のことでした。わずか15年ほど前まで、日本による朝鮮半島植民地化が残した影《かげ》が、そういう形で色濃《いろこ》く韓国全土に残っていたのです。

■「源平の争乱」と「南北朝の騒乱」を東アジアから考える

安部―日本史を注意深く見ていくと、日本が大きく変わる契機《けいき》は貿易の影響《えいきょう》であることが多いのです。平安時代の終わりに起きた源平の争乱*8(1180～85年)は、日宋《にっそう》貿易によって平家が経済的な力をガンとつけたことによって勃発《ぼっぱつ》した内戦でした。14世紀に勃発した南北朝の騒乱《そうらん》*9は、日元《にちげん》貿易の影響です。

佐藤― 中国大陸で元が退潮し、明《みん》という高度国防国家が新たに誕生しました。日本は明とどう付き合っていけばいいのか、東アジア地域の大きな秩序《ちつじょ》変化の中で南北朝の騒乱は起きています。

安部― 中国大陸には強大な権力を握《にぎ》る皇帝《こうてい》がいて、日本は力が弱い周辺国です。中国の体制に変化が起きれば、日本はもろにその影響を受けました。戦国時代には、南蛮《なんばん》貿易による経済構造の変化が騒乱の原因となっています。幕末にしても現代にしても、日本史は常に周辺諸国からの影響にさらされながら変化を繰《く》り返《かえ》してきたのです。

古墳《こふん》時代以後の日本史を見渡《みわた》すと、外国との貿易が盛《さか》んになることによって、国内に経済構造の変化が起こっていることが一貫《いっかん》して見て取れます。経済の発達によって国内に「もてる者」と「もてない者」の格差が広がる。日本に根づいてきた律令制《りつりょうせい》と農本主義的な体制が、重商主義的な体制へと変わっていくのです。

佐藤― 農業や漁業中心の社会に商業が入ってくれば、社会構造は根本から変わりますからね。

安部― その変化が日本社会の騒乱を生んできました。外国との貿易が盛んになればなるほど外圧的な要因が増し、国内の政治経済が変わっていく。こうした変化の流れは、日本史の中で背骨のように一貫してつながっているのです。まずそれを理解するだけで、日本と世界の関わりがどれだけ深いかがよくわかるでしょう。

佐藤——今のシベリアにあたる地域を考えてみても、大湊《おおみなと》（現・青森県むつ市の港町）からのネットワークは古代からずっとありました。

安部——そのとおりです。ちょうど僕は、鎌倉《かまくら》末期に起きた安藤《あんどう》氏（津軽《つがる》の豪族《ごうぞく》）の乱についての小説を書き終えたばかりなのです（『蝦夷《えぞ》太平記　十三《とさ》の海鳴り』集英社）。安藤氏が津軽地方でなぜあんなに強大な力をもっていたかというと、北海道に住んでいるアイヌの人たちとの北方交易があったからでした。

アイヌの交易圏《けん》は、ユーラシア大陸のアムール川の流域まで広がっています。そこから入ってくる海産物や鷹《たか》の羽など、いろいろなモノを京都や鎌倉へもっていくと、ものすごく高く売れるのです。「交易から見た日本史」という視点で歴史を眺《なが》めると、歴史の見え方がダイナミックに変わってきます。

■信長の火縄銃の火薬は輸入品

佐藤——江戸《えど》時代というと、みんな「日本は鎖国《さこく》していた」という固定的なイメージで見ています。でも松前口《まつまえ》（北海道南西部）とオホーツク海は、鎖国の間もアイヌの交易路が生きていました。長崎の対馬口《つしま》と朝鮮半島には、朝鮮通信使による交易路が開いていたわけです。長崎の出島にあった長崎口では、明や清《しん》との交易路が開いていました。薩摩口《さつま》（琉球口《りゅうきゅう》）と明との間には、琉球使節による交易路が生きていたわけです。

「鎖国」を現代の言葉で訳すならば、「日本の安全保障上、脅威《きょうい》がある国との関係を断った」というだけの話でしょう。鎖国政策を採りながらも、当時の日本のサイズとして必要かつ十分な対外関係は依然《いぜん》として続いていたのです。

安部―おっしゃるとおりです。鎖国中にすべての外国と断交していたわけではなく、あれは日本が生き延びるための一種の外交政策でした。

僕は常々「戦国時代を鎖国史観で語るべきではない」と主張しています。「織田信長は鉄砲《てっぽう》で天下を取った」とは教科書にも記されていますが、そこには「信長は火薬と鉛《なまり》の弾《たま》をどこから調達したのか」という視点がスッポリ抜《ぬ》け落《お》ちているのです。

戦国時代の黒色火薬は、硫黄《いおう》と硝石《しょうせき》と木炭を原料として作られていました。硝石は日本では産出しない鉱物です。やがて蚕《かいこ》の糞《ふん》を使って硝石を作る方法が見つかったわけですが、信長の時代には蚕の糞だけでは火薬作りが全然間に合いません。だから信長の軍が使っていた硝石は、ほぼすべてが輸入品なのです。

佐藤―知りませんでした。戦国時代の真っただ中に、そんなに大量に武器を輸入していたのですか。

安部―最近の研究では、弾の原料である鉛の70〜80%は輸入品だと言われています。20年にわたって全国の古戦場から鉛弾を集めて成分分析《ぶんせき》して、どこの鉱山で掘《ほ》られた鉛か徹底的《てっていてき》に明らかにした調査があるのです。

佐藤―輸入元はどこが多いのですか。

安部―国内産が4分の1、朝鮮半島が4分の1、残りは東南アジアからの輸入品です。鎖国史観で語られた戦国時代史には、南蛮貿易による「軍事物資輸入」という視点が抜け落ちています。

そこを理解せずに「信長が強かった」だの「武田信玄が強かった」だのと議論したところで、議論そのものが成り立ちません。だって火薬や鉛玉の輸入ルートをもっていなければ、戦争で鉄砲を使えなかったのですからね。

■戦国大名と現代の会社経営者との共通点

佐藤―個人の武勇を比較《ひかく》するだけでは、戦国武将が手がけた仕事の本質を正確に説明できません。諸外国との外交能力と総合マネジメント能力もなく、ただ戦争をやっているだけでは戦いには勝てなかったのです。

安部―つまり戦国大名は、今の会社の経営者とまったく一緒《いっしょ》なのです。

佐藤―だから会社経営者は、戦国時代が好きなのかもしれませんね。企業《きぎょう》経営者が好きな戦国武将は、いつも織田信長か豊臣秀吉か徳川家康の3人に収斂《しゅうれん》しちゃう。「いやあ、私は毛利元就《もとなり》*10みたいなリーダーが好きですね」なんて言うと、ちょっと変な人だと思われちゃう。

安部―でも弱ったことに、信長・秀吉・家康の3人がやったことでさえ正しく理解されていないのです。信長は、天下を取ってからいったい何をやろうとしたのでしょう。彼の明確な国家ビジョンは、今までちゃんと説明されてきませんでした。信長のビジョンを秀吉がどう受《う》け継《つ》いだのかも、きちんと説明されていません。やっと近ごろになって「信長が目指していたのは公地《こうち》公民制だ」と言われるようになりました。

佐藤―「公地公民制」とは、土地も民衆も全部国家の所有物として接収し、「私有」という概《がい》念《ねん》を認めない制度です。公地公民制は、大化の改新[*11]（６４５年）のときに提唱されました。

安部―　信長は「日本は大化の改新が目指した律令制度に回帰するべきだ」と考えたのです。なぜか。土地の私有権をそれぞれの大名なり部下の小名が主張している限り、戦《いくさ》はいつまで経《た》ってもなくなりません。だから信長は、全国統一した暁《あかつき》には、秦《しん》の始皇帝《しこうてい》[*12]のような律令体制を日本に作ろうと考えました。

日本全国で検地を進め、土地台帳を作って税収の安定と効率化を図《はか》る。城割りと、後に秀吉が行った刀《かたな》狩《が》りによって武装解除し、「私」による抵抗《ていこう》を封《ふう》じこめる。そのうえで、整然とした官僚《かんりょう》制、中央集権国家を完成させようと信長は考えました。そのビジョンが、やっと20年ほど前から歴史学者の間で語られるようになったのです。

佐藤―　「未来としての過去」を実現する。復古維新《いしん》的なビジョンです。信長の時代から３００年の時間を置いて、そのビジョンは明治維新《いしん》によって実現しました。

安部―　信長の公地公民ビジョンは、明治維新よりもずっと徹底的でしたけどね。

佐藤―　明治維新では、華族制という形で大名を大地主として残しちゃいましたからね。

安部―　信長のビジョンを受けた秀吉は、重商主義的な中央集権体制を作りました。ところが秀吉は暴走し、朝鮮出兵をして失敗します（１５９２～98年の「文禄《ぶんろく》の役」「慶長《けいちょう》の役」）。

その失敗を踏《ふ》まえて、従来の体制どおり中央集権体制と重商主義でゆくのか。それとも地方分権と農本主義体制に戻すのか。秀吉に続く家康は「地方分権と農本主義体制に日本を戻そう」と判断し、幕藩《ばくはん》体制を作りました。

このように、信長・秀吉・家康には、三者三様異なった歴史的役割があるのです。

佐藤―「重商主義から農本主義への転換《てんかん》」という視点は、戦国時代と江戸時代を読み解くにあたって非常に重要です。この点については、後ほどじっくりと語り合いましょう。

■物資補給経路がないまま戦争に突き進んだ日本軍

安部―歴史を一面的にしか見ることができないと、肝心《かんじん》なこと、いちばん大事なことをコロッと見落としてしまいます。戦時中の日本軍がまさにそうでした。物資を前線まで確実に運ぶための兵站《へいたん》線をきちんと考えない。補給経路を考えない。ロジスティクス（兵站）がないという信じられない状態で、日本軍は戦争を戦って自滅《じめつ》しました。

日本陸軍が作った日本戦史を見ると、「桶狭間《おけはざま》の戦い（1560年）は奇襲《きしゅう》によって勝ったのだ」と解釈《かいしゃく》されています。陸軍の幹部候補生が学ぶ陸軍士官学校では、そのとおりの史観を教官が教えました。だから陸軍士官学校を卒業した幹部が、好んで奇襲作戦をやるようになったのです。

佐藤—奇襲作戦によって、短期決戦で戦いを制する。でも奇《き》をてらった目論見《もくろみ》が、毎度うまくいくわけがありません。

安部—その奇襲作戦には論理的な積み上げはなく、戦略的な積み上げもない。「自分の決断と指導力と直感だけで、我《わ》が軍は戦いに勝てるのだ」という精神論の指導者を育ててしまう。歴史教育を誤ると、あとでものすごい弊害《へいがい》が現れます。

佐藤—戦時中の日本のロジスティクスを振《ふ》り返《かえ》ると、日本海軍は輸送船をもっていませんでした。輸送船をもっていたのは、なんと広島県・呉《くれ》にある日本陸軍の船舶《せんぱく》司令部です。

ミッドウェー海戦（1942年6月）の惨敗《ざんぱい》以降、日本海軍は「航空母艦《ぼかん》はできる限り温存する」という政策を採りました。航空母艦がちゃんと守ってくれないものだから、陸軍がもつ輸送船はどんどん沈《しず》められ、日本軍はさらに窮地《きゅうち》に立たされていきます。

これは本当に不思議なことなのですが、日本陸軍はなぜか「あきつ丸」など航空母艦を3隻《せき》ももっていたのです。「航空母艦」という名前を陸軍が大っぴらに使うわけにはいかないので、「揚陸艦《ようりくかん》」と呼んでいました。海軍は陸軍と仲違《なかたが》いして協力してくれないので、陸軍は1942年から飛行機も独自開発しています。

安部―そんなとっ散らかった体制で、日本が戦争に勝てるわけがありません。

佐藤―そのとおりです。結局は実戦にほとんど参加することがないまま、陸軍がもつ「揚陸艦」はみんな沈められて終わりました。縦割り行政の中で「陸軍が航空母艦をもつ」という異常なことをやっていた。これが戦時中の日本のとんでもない実情なのです。

アメリカ軍はレーション（ration＝携帯食糧《けいたいしょくりょう》）をいっぱいもっていて、その中にはビスケットやチョコレートといったお菓子《かし》まで入っていました。パッケージの中に小さな日本語会話帳が入っていて、捕虜《ほりょ》になったときのために「助けてください」とか「お水をくださいと言えるようにしておいたわけです。

かたや日本軍は現場の兵隊に「軍票」を渡《わた》して「必要なものがあれば現地で調達しろ」と命令しました。

安部―「軍票」なんて日本軍の中でしか通用しない紙幣《しへい》ですから、海外に出かければまさに紙切れに等しい無価値なものです。

佐藤―「現地調達」ということは、要するに「そこに住んでいる人から略奪《りゃくだつ》しろ」という意味です。これでは日本軍が入って行ったあと、現地との関係がうまくいくはずがありません。最低限、軍は自分たちで食べる分を本国からもっていくなり補給しなければ、現地の人たちから協力を得られるわけがないのです。

■ 海外で役立つ教養としての『源氏物語』

佐藤―本書の冒頭《ぼうとう》でも話題にのぼったとおり、海外に出かけると日本について語らなければいけない場面がたくさんあります。私が少年時代にソ連・東欧を旅行したときも、必ず日本のことを訊かれました。異文化の中に飛びこんだとき、自分が生まれた国の歴史についてまったく知らないと、恥《は》ずかしい思いをします。

安部―こちらから海外へ出かけなくとも、異文化と接する機会はしょっちゅうあります。今や日本を訪れる外国人は、年間3000万人を超えていますから。

佐藤―彼らはガイドブックをよく読んでいますし、日本の歴史に詳しいですよね。話しかけられて質問を受けると、日本人のほうが説明できず困っちゃうことがよくあります。

安部―翻訳《ほんやく》版の『源氏物語』を読んでいる外国人もよくいます。僕が友人を訪ねてイタリアに出かけたとき、『源氏物語』にすごく詳しい人がいて、こっちがタジタジになったことがありました。そういうとき古典や日本史についての知識が豊富にあれば、外国人との話がおおいに弾《はず》みます。

僕は歴史小説を書きながら、歴史的な教養とは、①歴史についての情報量　②歴史と対峙した経験　③そこから生まれる発想力、この三本柱だといつも思うのです。この三つがなければ、歴史小説はまったく書けません。歴史を知らなければ書けないし、歴史と向き合って格闘《かくとう》した経験がなければ書けない。その格闘経験を基《もと》にした自分なりの発想が生まれてこなければ、歴史小説は書けないのです。

佐藤―おそらく歴史学者は②の「格闘」を重視するのでしょう。③の「発想力」は、歴史小説を書かれている作家ならではの視点です。受験勉強は記憶《きおく》力プラス情報処理能力しか重視しませんから、「歴史との格闘」はまったく要請《ようせい》されません。

格闘した経験がないから、大学受験が終わった瞬間《しゅんかん》、日本史や世界史の知識がコロッと頭から抜け落ちてしまうのです。

安部―ただ機械的に記憶してテストの点数を取ろうとばかり考えていると、歴史を自分の問題として受け止められませんからね。歴史と格闘した経験がなければ、目の前に広がる新しい事態に対処するための能力は育ちません。日本の学校教育において、あるいは日本人そのものにいちばん欠けているのは①②③に裏打ちされた教養だと思います。

佐藤―特に②と③が欠けていますよね。歴史が私たちに伝える教訓とは何なのか、情報を咀《そ》嚼《しゃく》したうえで格闘する。そのうえで、現代の地政学的変化に目をやりながら考えをめぐらせる。残念ながら今の日本社会では、②と③がほぼ欠如《けつじょ》してしまっています。

安部―自分のお父さん、おじいちゃん、ひいおじいちゃんのその向こうには、豊饒《ほうじょう》な歴史が広がっています。その歴史に目を向けなければ、地に足をつけて自分の生き方とアイデンティティを確立できません。自分そのものが何者かすら、よくわからなくなってしまいます。

佐藤―父母だけであればたった2人ですが、祖父母は4人、さらにその前の代は8人、16人、32人……と家系図をさかのぼっていけます。5代、6代と先祖をたどれば、自分が生まれた家のルーツとなる樹形図がうんと広がります。その人たちそれぞれに人間同士のネットワークがあり、無限のネットワークから湧《わ》き出《で》る歴史と情報は、我々一人ひとりの体内に流れこんでいる。

安部―おっしゃるとおりです。その歴史を教養として身につける大切さを、僕は声を大にして皆さんに訴《うった》えたいのです。

■ 世界史と日本史を分離する高校教育の弊害

安部―現行の高校教育では、日本史と世界史の科目が別々に分離《ぶんり》されています。歴史小説を書いている立場から見ると、日本史と世界史を縦割りで分けてしまうことに弊害があると言わざるをえません。日本史と世界史は密接に連関しているし、もっと言うと両者は地続きだと思いませんか。

佐藤―私は1988年から95年まで、在ソ連（ソビエト社会主義共和国連邦）・在ロシア日本国大使館で外交官として勤務していました。この間にソ連崩壊《ほうかい》がありましたので（91年12月）、ソ連からロシアへの大きな体制転換をこの目で見ています。

ソビエト時代、あの国には「世界史」というくくりの科目がありませんでした。

安部―ということは「ソ連史」しかなかったのですか。

佐藤―そうです。要するに「世界史はソ連史に収斂《しゅうれん》されている」という考え方なので、世界史もソ連史も同じカテゴリーだったのです。旧ソ連のクレムリン（現・ロシア大統領府）は「ソ連を中心とする共産主義革命は全世界へと広がっていく過程にある。やがて最終的には全世界が共産主義国家になるのだ」と本気で考えていました。だから当然のことながら、世界史はソ連史の中にスッポリ収まるのです。

資本主義陣営《じんえい》のアメリカにおいても、歴史教育は「history」という一つの科目しかありません。一般《いっぱん》の教育課程において、世界史はアメリカ史、自国史に全部吸収されているのです。

安部―ところが日本では、世界史と日本史を二本立てで分けて教えています。

佐藤―日本語の科目名については「日本語」ではなく「国語」ですが、歴史の科目名は「国史」という言い方ではなく「日本史」です。考えてみると「日本史」ってやや突き放した言い方だと思いませんか。

日本をベースとした歴史を眺めて見ると、こう見える。今度は世界という観点で歴史を眺め直してみたら、違《ちが》った見え方がある。同じ歴史を二つの方向から見る作業は、受験生にとっては手間がかかります。でも若い人たちが複合的な視点で歴史を学ぶことは、とてもいいことです。

■歴史が苦手な高校生は「世界史A」「日本史A」の教科書を読もう

安部―今おっしゃった「歴史の相対化」の作業がうまくいっていれば、世界史と日本史が科目として分かれていてもいいんですけどね。でも残念ながら今の高校教育の現状は、日本史も世界史もお互《たが》い孤立《こりつ》しています。しかも「世界史未履修《みりしゅう》」とか「日本史未履修」とか、そもそも高校で歴史をまったく勉強していない生徒も多いのは大きな問題です。

佐藤―同感です。現在の教育課程では教科書が「日本史A」と「日本史B」、それから「世界史A」と「世界史B」に分かれています。Aは実業学校用で、Bはいわゆる進学校用です。

AとBを比較すると、教科書は圧倒的《あっとうてき》にAのほうがおもしろいんですよ。

安部―大学入試に特化した教科書のほうがつまらない。

佐藤―わかりやすく言うと、Aは「社会に出ちゃうと、もうこのあと歴史を勉強することはない」という前提で作られているのです。Aの教科書では、近現代史が読み物っぽくストーリー仕立《じた》てで書かれています。だから私は、歴史が苦手な進学校の生徒には「まず世界史Aや日本史Aの教科書を読むといい」とアドバイスするのです。

安部―なるほど。二種類の教科書を併用《へいよう》して、まずはAで歴史の流れをおおまかにつかませる。そのうえで、受験勉強に特化したBを併読《へいどく》するのですね。

佐藤―理科系を選択《せんたく》すると、単位の関係で進学校でも教科書は「世界史A」だったりします。これはこれで問題です。さらに問題なのは、理科系の学生はほとんどが日本史を選択しません。それだから、理科系の生徒たちはかわいそうなのです。歴史を勉強したくても、カリキュラムのせいで十分に勉強できないのですから。

■ 学校で日本史を勉強したことがない高校生

安部―集英社や地方の新聞社が協力して、作家やジャーナリストが全国各地で講演する「高校生のための文化講演会」という催《もよお》しものがあるのです（主催《しゅさい》＝公益財団法人一ッ橋文芸教育振《しん》興会《こうかい》）。２０１８年、僕も秋田県の県立工業高校で講演を頼《たの》まれて出かけました。

佐藤―安部先生が講師ということは、当然テーマは歴史ですね。

安部―「信長の時代」という題で話をしようと思って、事前に準備をしていきました。出かける途中《とちゅう》にその高校のパンフレットを見ていたら、なんと日本史のカリキュラムがないのです。１年生の段階からない。世界史はみんな必修なのですが、日本史はみんな未履修なのです。

それで「あっ、この学校では信長の話をしてもみんなピンとこないな。織田信長の名前くらいは知っているだろうけど、その周辺情報になるとまったくわからなくなるぞ」と気づきました。そこで、その日に話そうと思っていた内容を全部取りやめにして「歴史と技術」という題に変更《へんこう》したのです。

佐藤―安部先生、それはすごくいい切り口ですね。工業高校の生徒たちに関心がある話題から入らなければ、せっかく講演しても話を全然聴いてもらえませんから。

安部―なにしろ僕は、久留米《くるめ》工業高等専門学校の機械工学科出身です。歴史の中における技術には、学生時代から関心をもっていました。この話題なら、工業高校の生徒もおもしろく聴いてくれるだろうとピンときたのです。

■生徒たちの興味に寄り添う教育法

佐藤　２０１９年7月に『ルポ　教育困難校』（朝比奈なを著、朝日新書）という新刊が出ました。いわゆる教育困難校、偏差値《へんさち》45以下でなかなか授業が成立しない学校の現場を取材した本です。

この本によると、偏差値45以下の普通科の高校はなかなか厳しい。でも工業科、商業科、園芸科、農業科の高校は、たとえ偏差値が最低クラスでも教育困難校にはなりません。どうしてかと言うと、実業系の学校は「資格を取る」とか「就職する」といった目標が明白だからです。そのかわり、実業高校で「技術を身につける」「手に職をつける」といったことと歴史とのつながりを学ぶ機会はありません。

だからその工業高校の生徒たちの心に、「歴史と技術」というお話はたいへんに強い刺激《しげき》になったはずです。たぶん彼らの心の中に、安部先生のお話は一生残ると思いますよ。安部先生を講師として呼んだ高校の先生たちは、すごくいい視点をもっているわけです。「ウチの子たちはこれから社会に出ていく。歴史についてなにか腹の中に残るものを、高校時代の思い出に作りたい」。すごく良い教育的な配慮《はいりょ》です。

安部――講師が興味のあることをただ一方的に話したところで、若い人たちの琴線《きんせん》に触《ふ》れるとは限りません。江戸時代の「藩校《はんこう》」や戦前の旧制高校の伝統を受け継ぐ県下有数の進学校で講演していると、「ここは笑わせたいな」と思ってジョークを飛ばすと、生徒がドッと笑ってくれます。こちらが言わんとすることが、ダイレクトに生徒に伝わっている感じを受けるわけです。

必ずしも偏差値が高くはない学校で話をすると、目の前に大きな空気の壁《かべ》があるような感じがして、話をしながら無力感を覚えることが何度もありました。だからといって、彼らが「聴く耳」をもっていないわけではありません。相手が興味をもっている話題を選んで入り口にしていけば、若い人たちが身を乗り出して歴史の話を聴いてくれるのです。

佐藤――いわゆる偏差値が低い高校には、都会と遠隔地《えんかく》と二種類あります。沖縄の離島《りとう》では、高校の最低偏差値は全部35になってしまうのです。どうしてかと言うと、定員に余裕《よゆう》がある限りにおいては、公立高校は希望者を全員入学させてあげなければいけません。ですから構造的に定員割れしてしまう離島や山間部の高校においては、偏差値は最低ラインに張りついてしまうのです。

ところが沖縄の県立久米島《くめじま》高校から早稲田大学法学部に合格したり、国立の琉球《りゅうきゅう》大学医学部に受かる生徒もいます。

安部─平均すれば偏差値が最低ランクだとしても、離島や僻地《へきち》で学ぶ子どもたちの学力には大きなバラつきがある。

佐藤─そうです。高校を卒業してすぐ就職する子も、難関大学へ進学して勉強する子も、一緒に混じって学校へ通っていますからね。そういう学校へ話をしに行くときには、私はまずご当地の話題を必ず話の頭にもってきます。みんなが共通に知っている島の昔話や名所旧《きゅう》跡《せき》の話から入って、だんだん世界の話題へと広がりをもたせていく。10代の子どもを前に話をするときは、そんな感じで話の組み立てを考えています。

■佐藤優が考える大学入試センター試験の改革案

佐藤─日本史も世界史も学んだことがない高校生がいる現状は、制度的な問題なので直さなければいけません。高校教育に「歴史総合」という新科目を入れることによって、世界史も日本史もすべての高校生に学んでもらうように教育課程が変わろうとしています。とてもいい流れです。

安部─文部科学省は、2022年度から「歴史総合」「地理総合」「公共」という科目を新設することを決めました。公立高校ではまずこの3科目を学んで、そのうえで「日本史探究」「世界史探究」「地理探究」「倫理《りんり》」「政治・経済」を選択科目として選びます。

佐藤―大学受験が目の前に立ちはだかっていると、どうしても受験を通過することだけが自己目的化してしまいます。でも大人になって振り返ってみれば、受験なんてたいした話ではありません。

還暦《かんれき》が近づいた今になって考えれば、中学の3年間、高校の3年間は受験になんて縛りつけられることなく、もっといろいろな本を読む時間がほしかった。試験科目とは関係なく、せめてもう少し幅広《はばひろ》く勉強できたほうがいいに決まっています。

でも今中学や高校に通っている当事者としては、なかなかそうやって突き放して考えるわけにもいきません。だったら大人が制度を変えてあげればいいのです。

安部―公立高校では、先ほど申し上げたように歴史は選択科目制です。

佐藤―今の高校は単位制のところが増えています。難関校もだいたい単位制ではないでしょうか。

安部―となると、点数を取りにくい歴史が選択されなくなってしまいます。世界史や日本史は、覚える事柄《ことがら》や年号、固有名詞が膨大《ぼうだい》にありますから。

佐藤―そのせいで変な現象が起きています。理科系の高校生は、大学入試センター試験の受験科目に倫理や政治・経済を選択するのです。彼らは「倫政《りんせい》」と呼んでいます。

安部―倫理や政治・経済のほうが覚えることが少ないから、センター試験で点が取りやすい。

佐藤―たしかに覚えることは少ないかもしれませんが、あれは歴史と地理の土台に乗った上にある科目です。歴史を知らずに倫理や政治・経済を丸暗記したところで、試験が終わったとたんにあっという間に頭から抜《ぬ》けちゃいます。だから日本史と世界史は、大学入試では両方とも必修にすればいいのです。

安部―ぜひそうしてもらいたいですよ。

佐藤―必修にすれば、否応《いやおう》なしに勉強するわけですから。

安部―歴史教育そのもののやり方を、学校教育の現場で変えていかなければいけません。ただ年表を覚えました、『世界史用語辞典』や『日本史用語辞典』を丸暗記しましたというやり方では、史観なんて身につくはずがない。歴史教育を通じて、若い人たちに考え方の基礎《きそ》を確立してもらう必要があるのです。

佐藤―まったくおっしゃるとおりです。

■ イギリスの中高生が学ぶ歴史教科書

佐藤—日本の歴史教科書は「通史重視主義」と言いますか、隙間《すきま》がないようにベタッと書いてある構成です。イギリスの中高生が使っている歴史教科書は、日本の教科書とはだいぶ様相が異なります。

日本語に翻訳されている『イギリスの歴史【帝国の衝撃《しょうげき》】』（明石書店）という歴史教科書を読むと、インドについて「マウントバッテン卿《きょう》に『イギリスはインドから手を引いたほうがいい』と進言する手紙を書きなさい」という課題が書いてあったりするのです。

安部—それはおもしろい。マウントバッテンというと、太平洋戦争中に連合軍の東南アジア方面最高司令官として指揮を執《と》り、日本軍と対峙した指揮官です。インド総督《そうとく》を務めながら、インドとパキスタンの分離独立を手がけています。

先ほど僕は歴史的な教養について、①歴史についての情報量　②歴史と対峙した経験　③そこから生まれる発想力と定義しました。いま佐藤さんが紹介された課題は、「情報としての歴史」ではなく「経験、体験としての歴史」を問うものです。

佐藤—『イギリスの歴史【帝国の衝撃】』の最初の見開きのところには、イギリスの普通の街の絵が描《えが》いてあります。その絵の横に「この中に帝国の遺産がいくつあるでしょうか」と書いてあるのです。最後のページにも似たような絵が描いてあって「この絵を最初見たときと比べて、いくつ多く帝国の遺産があることに気づいたでしょうか」と書いてあります。

教科書の最後には子どもたちの絵が描いてあって、吹《ふ》き出《だ》しの中で教科書を批判しているのです。「この教科書にはグラント将軍とかマウントバッテン卿とか、英雄ばかりしか出ていない。なんで民衆が出ていないのか」。女の子の絵の吹き出しには「この教科書に出てくるのは男の話ばかりだ。女性はごく一部しか出てこない。なんでこうなっているのか」と書いてあるのです。

こういう批判的視点も提示して、この教科書に欠けている視点はなんなのかがわかる構成になっています。

安部―その教科書を、15歳くらいのイギリス人が学校で勉強しているのですか。教室ではいろいろな意見が飛《と》び交《か》って激論になったりして、なかなか楽しそうです。

佐藤―こういう教科書を使って10代半ばから勉強していたら、かなり鍛《きた》えられます。ちなみにロシアの教科書は、とにかく厚いんですよ。毎学年400ページくらいあって、レベルとしては日本の大学の教養課程くらいです。だから日露《にちろ》戦争にしても第2次世界大戦の記述にしても、日本の教科書よりもはるかに詳しく書かれています。

安部― それは高校生が使う教科書ですか。

佐藤― ロシアは小中高一貫制なので、中学生も高校生もその教科書を使ってじっくり勉強します。中国の教科書を見ると、明治時代の日本について「帝国主義はケシカラン」と弾劾《だんがい》していそうなものですが、実際はそうでもありません。明治維新は、中国がかなり高く評価しています。

安部― 侍が腰《こし》に刀を差して街を歩いていた日本で、なぜ急速な近代化が実現したのか。意外とフェアな歴史観をもって日本史を通覧《つうらん》しているのですね。

佐藤― 日本語に翻訳されているものもありますし、諸外国の教科書に目を向けてみるのも非常におもしろいですよ。

第2章　歴史から読み解く日韓関係

日本人のルーツの4分の1は渡来人であり、日本の
骨格を形づくった仏教は、朝鮮半島から伝来した。
さらに日本へのキリスト教布教の裏には、
植民地政策と帝国主義拡大の意図があった。
こうした歴史を押さえることが、
世界で通用する「史観」を磨くポイントだ。

■薩摩藩の琉球侵攻をどう読み解くか

佐藤―私の母は沖縄県の久米島《くめじま》出身でして、私の中には「日本人」としてのアイデンティティと「沖縄人」としてのアイデンティティ、両者が混じり合った複合アイデンティティがあります。

豊臣秀吉の朝鮮出兵に関して私にとって興味深いのは、琉球《りゅうきゅう》の動きです。薩摩《さつま》の琉球入り（１６０９年）の前に何があったのでしょう。「琉球も朝鮮に出兵しろ。出兵できないのならカネを出せ」と迫《せま》られた琉球は、次のように応答しました。「朝鮮と明《みん》は一体だ。朝鮮出兵なんてことに我々が協力すれば、琉球が明に対して弓を引くことになる。明と朝貢《ちょうこう》体制にある琉球としては、そんな戦争にはとても協力できない」。

こう答えて、琉球としては朝鮮出兵をサボタージュしました。そのせいで、のちに薩摩の琉球入りが起きるのです。薩摩は琉球王朝の尚寧王《しょうねいおう》*1を江戸《えど》まで強制連行して、２年間ひっ捕《と》らえてから琉球に戻《もど》すときに、「道《みち》の島《しま》」（奄美大島《あまみおおしま》や喜界島《きかいじま》、徳之島《とくのしま》などの奄美群島《あまみぐんとう》）を薩摩の直轄地《ちょっかつち》にしました。

ところが徳之島のすぐ西側にある硫黄鳥島《いおうとりしま》（現・沖縄県久米島町）だけは、なぜか薩摩の直轄地にはしていないのです。なぜか。硫黄島で硫黄が取れるからです。

安部―本書第1章でも触《ふ》れたとおり、硫黄は鉄砲《てっぽう》で使う火薬の原料です。硫黄島で取れる硫黄は、貿易航路を通じて明や清《しん》に流れていました。

佐藤―硫黄が取れる硫黄鳥島を琉球の管轄《かんかつ》にして、薩摩藩の枠外《わくがい》としておけば、琉球は引き続き硫黄を使った貿易を続けられます。当時の為政者《いせいしゃ》たちは、内政だけでなく国際貿易にまで目を凝《こ》らしながら、いろいろなことを考えていたのです。

安部―現代にもつながる話です。

■「水戸黄門・琉球篇」が放送されない理由

佐藤―私も非常にお世話になっている大城立裕《たつひろ》先生は、沖縄県の出身者として初めて芥川賞を受賞しました（1967年に『カクテル・パーティー』で受賞）。その大城先生が87年に『休息のエネルギー』（農山漁村文化協会）という本を出していまして、その本に「なぜ水戸黄門の琉球篇がないのか」という話を書いているのです。

安部―あっ、そう言われてみれば、47都道府県のうちなぜか沖縄の話だけが出てきませんね。

佐藤―実は水戸黄門《こうもん》・琉球篇の計画はありまして、東京中央のキー局はやりたがっていました。でも沖縄のテレビ局から「そんな番組はとても放送できない」と断られたというのです。
理由は二つあります。第1に、助さん格さんがケンカをする相手は琉球空手の達人です。助さん格さんのレベルでは、琉球空手の達人には、ガチンコ勝負ではとても勝てない（笑）。第2に、なんとか市街戦を切《き》り抜《ぬ》けて最後のところで印籠《いんろう》をデーン！と出しても、「クレ、ヌーヤガ」（琉球語で「これは何だ」）と言われてしまうのです。

安部――わはは。「この紋所《もんどころ》が目に入らぬか！」と印籠を出しても、誰《だれ》も意味がわからない（笑）。

佐藤――印籠を見てみんなが「ヒエ～ッ！」とひれ伏《ふ》す構図は、歴史考証から見て辻褄《つじつま》が合わないのです。南は薩摩までは印籠の意味がわかりますけど、薩摩より南に住んでいる琉球人は、江戸幕府があるなんてことは誰も知りませんからね。

ここまでは大城先生の本の受け売りでして、この先は私自身の考察です。そもそも水戸光圀《みとみつくに》の印籠がどこから来ているのかと言えば、その起源はもちろん江戸幕府の副将軍ですよね。では将軍の権力の源泉はどこにあるのか。京都の二条城です。

二条城に行ってみると、そこにはまず白書院があって黒書院があって、その先に勅使《ちょくし》の間があります（https://nijo-jocastle.city.kyoto.lg.jp/introduction/highlights/ninomaru/ にある見取り図を参照）。勅使の間には畳《たたみ》3枚くらい上がった場所があって、勅使のほうが上、将軍が座《すわ》る場所は下です。

つまり水戸光圀は、最終的には天皇神話のネットワークの中に組みこまれているのです。沖縄は天皇神話のネットワークの中には入っていません。そこには明確な切断があるのです。印籠の三つ葉葵《あおい》がまったく効かない。この事実は「沖縄は天皇神話に包摂《ほうせつ》されていない領域だ」ということを如実《にょじつ》に示しています。これは今の沖縄問題について考えるうえでの一つのカギだと思うのです。

安部――ちなみに水戸「黄門」とは朝廷《ちょうてい》の官位（中納言《ちゅうなごん》）です。唐《とう》では中納言のことを「黄門」と呼びました。

佐藤――このように世界史と日本史は近接しています。特に日本と近接する朝鮮半島と中国、東南アジアとの歴史は、とても重要なのです。

■韓国・国会議長による「盗っ人猛々しい」発言の意味

佐藤――2019年2月、韓国の文喜相《ムン・ヒサン》国会議長が「（生前退位する天皇は）戦争犯罪の主犯の息子《むすこ》ではないか。そのような方が一度おばあさん（元慰安婦）の手を握《にぎ》り、本当に申し訳なかったと一言いえば、すっかり解消されるだろう」（2月8日、ブルームバーグ通信日本語版）

と慰安婦問題についての発言しました。
この発言に日本のメディアなどから批判が高まると、文喜相議長は「賊反荷杖」という四字熟語を使って反論します。直訳すると「泥棒《どろぼう》が逆に杖《つえ》をもって振《ふ》り回《まわ》す」という意味なのですが、日本語メディアでは「盗《ぬす》っ人猛々《たけだけ》しい」という翻訳《ほんやく》で報道されました。

安部――うーん、それは受ける印象がだいぶ異なりますね。

佐藤――「盗っ人」が入ることによって、相手に対する侮辱的《ぶじょくてき》、攻撃的《こうげき》なニュアンスが強く出てしまいます。ここは「居直っている」くらいの意訳で構わないと思います。

安部――ただでさえ日韓関係がまずいときなのに、「盗っ人」なんていう強い蔑称《べっしょう》をわざわざ選んで翻訳する必要はありませんでした。

佐藤――河野太郎外務大臣（当時）は「韓日議連の会長まで務めた人間がこのようなことを言うというのは、極《きわ》めて深刻」（2月20日、衆議院予算委員会）と言いました。「人間」を「サラム」（人）と翻訳すれば良かったのですが、韓国では「インガン」（人間）と伝えられています。「インガン」という言葉には「人でなし」みたいなニュアンスがありまして、これまた要《い》らぬ誤解を生みました。

安部――２０１９年８月２日には、ホワイト国（輸出優遇《ゆうぐう》）除外措置《そち》に対する文在寅《ムン・ジェイン》大統領の言葉も「盗っ人猛々しい」と報じられています。これまた佐藤さんがおっしゃるように「居直っている」と翻訳しておけば、感情的な反発を招くことは少なかったと思います。

佐藤―与那覇潤《よなはじゅん》さん（歴史学者）が書かれた『翻訳の政治学 近代東アジア世界の形成と日琉《にちりゅう》関係の変容』（岩波書店）という学術書に、おもしろい話が出ているのです。江戸時代に日本にやってきた朝鮮通信使について、日本では「朝貢」（外国の使いが日本の朝廷に貢物《みつぎもの》をもってやってきた）という解釈《かいしゃく》がなされています。ところが朝鮮通信使が掲《かか》げていた旗には「巡察《じゅんさつ》」と書いてありました。朝鮮通信使は、朝鮮の辺境で暮らす日本を見守って回っていたのです。

安部―それはおもしろいなあ。「朝貢」と「巡察」では意味がまったく違《ちが》いますからね。大真面目に翻訳せず、適度にサボタージュしていれば、摩擦《まさつ》や衝突《しょうとつ》を避《さ》けられる証《あかし》です。

佐藤―自分たちがやっていることの意味を、敢《あ》えてお互《たが》い正確に翻訳しない。翻訳しなかったおかげで、朝鮮通信使と日本の関係は平和裏《り》に成り立っていました。それを真面目に翻訳し始めると、国と国との関係は面倒《めんどう》くさくなってしまいます。翻訳という概念《がいねん》が政治に入ってきたせいで、近代になってからさまざまな紛争《ふんそう》の原因となってしまった。そんな話が与那覇潤さんの『翻訳の政治学』という本に書いてあるのです。

韓国では、ちょっと前にユニクロのコマーシャルも大問題になりました。13歳の女の子（黒人）が98歳のおばあちゃん（白人）に「私の年齢の時には、どんな格好をしていたの?」と訊《たず》ねると、おばあちゃんは「昔のことは、忘れたわ」と答えるのです。

韓国語版のCMではこれに「まさか！ 80年以上前のことを覚えているかだって?」という字幕がつけられました。このCMが「日本企業は80年前の慰安婦《いあんふ》問題を忘れたというキャンペーンを展開している」と大変な反発を招き、ユニクロは謝罪してCMを中止しました（2019年10月21日）。「それだけでは済まされない」と言って、韓国ではものすごい騒動《そうどう》になっています。

安部―うーん、ユニクロのお店は韓国にもたくさんあるわけですし、いくら何でもそういう意図でCMを作ったわけではないと思いますけどね。

佐藤―ええ、ユニクロはそういう意図はもっていなかったことは間違《まちが》いありません。今このタイミングでそういったCMを流したせいで、意図せざるところで要らぬ反発を招いてしまいました。翻訳の話と関係しますが、今の日韓関係の文脈を慎重《しんちょう》に読み解いて言葉を選んでおけば、こうした事態は未然に避けられたはずです。

■ 慰安婦問題と歴史認識問題

佐藤― 慰安婦問題はいつも歴史認識《にんしき》問題の一部にくくられるのですが、私は歴史問題としてはとらえられないと思うのです。慰安婦問題はahistorical（非歴史的）な問題ではないでしょうか。

安部― 慰安婦問題は過去の一部、歴史の一部ではなく、今現在も続く連続性のある問題としてとらえなければならないということですか。

佐藤― ええ。アメリカにおいても韓国においても、慰安婦制度は女性に対する深刻な人権侵《しん》害《がい》として、今この間《かん》の問題としてとらえられていると思うのです。日本人にとって、広島・長崎の原爆《げんばく》体験が「過去の一部」ではないのと同じです。

安部― 佐藤さんの言葉を借りれば、原爆投下は「非歴史的問題」ということですね。

佐藤― そうです。今この瞬間、再びああいった核《かく》戦争が起きれば世界はどうなってしまうのか。日本人の心の中にはそういう想像力が働いているから、核廃絶《はいぜつ》という課題は非常なリアリティをもって迫ってくるのです。

ヨーロッパにおけるナチズムもそうでしょう。ナチスによるホロコースト（Holocaust＝ユダヤ人の大虐殺《だいぎゃくさつ》）は歴史の一部、過去の一部ではありません。ナチスが使っていたハーケンクロイツ（鉤十字《かぎじゅうじ》）のマークは、人間の不安心理をかき立てるデザインとして非常に優れているとも言えます。でもこのマークは、デザインとして絶対に二度と使うことは許されません。加害者側の国が「過去の歴史」と割り切れても、被害者《ひがいしゃ》側の国にとっては「今も続く苦しい現実」なのです。

余談ですが、15歳のときにソ連・東欧《とうおう》へ一人旅に出かけたとき、旅行社の人から「卍《まんじ》マークが入っているお守りをもっていくのは気をつけてくださいね」と注意されました。

安部ー地図上で「お寺」を示す「卍」マークは、ナチスが使っていたハーケンクロイツとは向きが逆ですし、角度も異なります。

佐藤ーでも両者は似ていますから、ソ連や東欧の出入国時にトラブルになる可能性があるのです。旅行社の人からは「正露丸《せいろがん》にも注意してください」と言われました。

安部ー正露丸の商品名は、もともと「征露丸《せいろ》」でした。名前の由来は、ロシアを征伐《せいばつ》するということです（戦後の1949年に「正露丸」に名称《めいしょう》を変更《へんこう》）。それが問題なのでしょうか。

佐藤ー「露」がロシアを連想させるのがまずいのではなくて、正露丸は丸薬《がんやく》なので、麻薬《まやく》と間違えられることがあるのです。だから「正露丸をもっていくのではなくて、錠剤《じょうざい》のセイロガン糖衣をもって行ってください」とアドバイスを受けました。ああいう丸薬型の薬は、ヨーロッパにはないようなのです。

安部――正露丸はかなり強いにおいがしますから、麻薬犬に見つかったらたまらない（笑）。

■ 秀吉と家康「小牧・長久手の戦い」の舞台裏

安部――日韓関係の修復は容易ではありません。悪化した日韓関係を打開するため、秀吉と家康の交渉《こうしょう》術に一つのヒントがあるように思います。秀吉と家康が小牧《こまき》・長久手《ながくて》で戦ったとき（1584年）、秀吉軍は8万人、家康軍は2万人の兵力でした。ところが人数が少ない家康軍が、緒戦《しょせん》から圧倒《あっとう》的に勝つのです。家康の家臣（松平家忠《いえただ》）の日記には「1万5000人を討《う》ち取《と》った」と書かれています。

さんざん負けた秀吉軍は「この戦争はどうやっても勝てない」と観念しました。そこでどうしたかと言うと、家康は織田信雄《のぶかつ》*2を支援《しえん》するために秀吉と戦っていたので、秀吉はまず信雄と和解するのです。そのことによって、家康から戦う大義名分を奪《うば》ってしまいました。そして家康との具体的な和平交渉を始めて「なんとか自分の政権下に入ってくれ」と交渉するのです。

佐藤―　賢明《けんめい》な二段階交渉です。

安部―　すると家康は「嫌《いや》だ。そんなことは認められない」と抵抗《ていこう》します。そこで秀吉がどうしたかというと、なんと自分の妹を離婚《りこん》させて家康に嫁《とつ》がせました。それでも家康は「まだ信用できん」と言って動かない。そこで秀吉は、自分のお母さんを家康の元へ人質《ひとじち》に送ります。これにはさすがに家康も折れて、両者の和解がやっと成立しました。

公《おおやけ》の席に臨《のぞ》む前夜、二人は密談します。秀吉は「今回のことはたいへん感謝している。これからもよろしく頼《たの》む。だけども頼みがある。明日みんなの前ではすべてをバラさず、私に臣従したフリをしてほしい」と頭を下げ、戦争を回避《かいひ》する和平交渉にさらなる釘《くぎ》をさしました。

泥沼《どろぬま》とも言える今の日韓関係を打開するためには、これくらいの忍耐《にんたい》、そして深い智慧《ちえ》を働かせる度量が必要ではないでしょうか。

佐藤―　そう思います。朝鮮半島と日本との関係においてとにかく重要なのは、いくらお互《たが》いに諍《いさか》いがあるからといって引《ひ》っ越《こ》せないことです。もし隣《となり》の家の住人とどうしても相性《あいしょう》が合わなければ、引っ越すという選択《せんたく》がありえます。でも国同士の付き合いは、いくら悪化したからといって引っ越すわけにはいきません。となると、どんな方法を使ってでも日韓は仲良くするしかないのです。
安部先生は作家としてたくさんの歴史小説を書かれ、秀吉の朝鮮出兵についても書かれています。歴史小説を通じて「過去に日本は朝鮮半島にこういう形で関与《かんよ》した歴史がある」という事実を読者に知らしめることに、とても大きな意味があります。

■朝鮮半島と北部九州を結ぶ「環玄界灘国家」の時代

佐藤―２０１８年6月12日にトランプ大統領と金正恩《キム・ジョンウン》委員長の米朝首脳会談が実現してから、朝鮮半島をめぐる地政学は劇的に変化しています。１９５３年に朝鮮戦争が休戦すると、朝鮮半島の北緯《ほくい》38度線に軍事境界線ができました。これによって南から北への往来ができなくなったわけですから、地政学的に言うとあれは「北朝鮮が水没《すいぼつ》した」のと同じなのです。

安部―北朝鮮が水没し、韓国は中国大陸とは地続きではない事実上の海洋国家になってしまった。

佐藤―それから韓国は、海洋国家としての発展をずっと遂《と》げてきました。今日本のＧＤＰ（国内総生産）の16％が貿易ですけれども、韓国はＧＤＰの38％を貿易が占《し》めます。韓国は日本以上の海洋国家なのです。

このままいけば、近未来に米朝国交正常化が実現し、南北朝鮮の融和《ゆうわ》も進んでいくでしょう。すると「水没した北朝鮮」の地政学的埋《う》め立《た》てが完成し、韓国は急速に大陸国家・中国へと引き寄せられていきます。

中国・北朝鮮・韓国ブロック対日本の対峙《たいじ》という構造は、日本としては極力作るべきではありません。そうなれば、今まで38度線にあった緊張《きんちょう》線が対馬海峡《つしまかいきょう》まで下りてくるからです。政治ではさまざまな対立があっても、宗教人の交流、小説家の交流、ビジネスなどありとあらゆる民間外交のチャンネルを使って、重層的な日韓関係に歩留《ぶど》まりをつけていかなければなりません。福岡や北九州は歴史的に韓国との結びつきが強いですから、とりわけ重要です。

安部　何しろ福岡から大阪へ飛ぶよりも、福岡からソウルへ飛ぶほうが近いですからね。98年10月、韓国の金大中《キム・デジュン》大統領は日本の国会で次のように演説しました。

〈わずか50年にも満たない不幸な歴史のために、1500年にわたる交流と協力の歴史全体を無意味なものにするということは、実に愚《おろ》かなことであります〉

天皇「即位《そくい》の礼」出席のために来日した韓国の李洛淵《イ・ナギョン》首相は、学生との交流会でこの演説を引用したものです（２０１９年10月23日）。金大中大統領や李洛淵首相が言うとおり、日韓の間には１５００年に及《およ》ぶ歴史的な付き合いがあります。古代に朝鮮半島南部にあった任那《みまな》や伽耶《かや》といった国家と北部九州は、「環玄界灘《かんげんかいなだ》国家」とも言うべき密接な国家群を築いていた時期があると僕は見ています。

その後朝鮮半島が新羅《しらぎ》と百済《くだら》、高句麗《こうくり》に分かれると「環玄界灘国家」は消滅せざるをえなくなりました。続いて新羅一強時代が訪《おとず》れると、６６０年に百済が滅ぼされ、これを再興しようとして出兵した日本兵も白村江《はくすきのえ》*3の戦い（６６３年）で大敗します。さらに5年後（６６８年）には高句麗が滅ぼされました。このとき、実は朝鮮半島から大量の難民が日本に入ってきています。

佐藤―　当時の日本人のうち、おおよそどれくらいの割合が朝鮮半島にルーツをもつ人々だと推測されますか。

安部―　８１５年（弘仁《こうにん》6年）に天皇の命令で『新撰姓氏録《しんせんしょうじろく》』が編纂《へんさん》されました。当時の人々の名字のルーツを調査したところ、１１８２の名字のうち３２６が「諸蕃《しょばん》」すなわち渡来人《とらいじん》なのです。

佐藤―　４分の１以上ですね。

安部―これだけ多くの渡来人が、日本人と同じ文化圏《けん》、同じ生活習慣のもとで暮らしていました。これは重要な歴史的事実です。

佐藤―日本に仏教を伝来させたのは、中国大陸であり朝鮮半島です。仏教なくして日本文化はありえません。朝鮮半島のおかげで、日本の文化と思想の骨格が形づくられたのです。

安部―仏教伝来については、百済経由と高句麗経由の2ルートがあったと言われています。

佐藤―朝鮮半島抜《ぬ》きにしては、日本の骨格を形づくる仏教伝来はありませんでした。その意味では、韓国は日本にとってまさに「文化大恩の国」なのです。

■帝国主義と植民地主義が駆動したキリスト教世界宣教計画

佐藤―仏教もキリスト教も、もともと日本に存在した土着の伝統的な宗教ではありません。いずれも外来宗教です。

安部―仏教は6世紀以降、中国大陸と朝鮮半島を通じて日本に伝来しました。キリスト教が日本に入ってきたのは、織田信長が活躍《かつやく》していた16世紀の戦国時代です。仏教とキリスト教の伝来の仕方は、かなり様相が異なりました。

佐藤―基本的な違いは何かというと、日本に限らず、仏教は特定の国の帝国主義政策と結びついていません。残念ながらキリスト教の布教は、帝国主義と明らかに結びついていました。もちろん個々の宣教師たちは、純真な気持ちで自分たちの宗教を世界に広めようと思ってはいたのでしょう。でもその背後には、トルデシリャス条約[*4]（1494年）による植民地拡張政策が厳然としてあったわけです。

安部—ポルトガルとスペインはトルデシリャス条約によって、新しく発見し進出した「新世界」の領有権を勝手に決めてしまいました。日本については、この条約によってポルトガルが支配していいことになっています。

佐藤—北米大陸においては「スペインの領土にしてやろう」という思惑《おもわく》がありました。日本を含《ふく》む東アジアにおいては「ポルトガル領にしてやろう」という帝国主義の思惑があったわけです。

私はプロテスタントを信仰《しんこう》していますが、日本におけるキリシタン禁止令は必要だったと思っています。もしキリスト教の布教を禁止していなければ、日本がポルトガルの植民地にされていた可能性が相当高かったと思うからです。キリスト教の布教を放っておけば、きっと日本はマカオやフィリピンのようになっていたでしょう。

フィリピンはもともと自分たちの土地の国名をもっていたのに、スペインからフェルディナンド・マゼラン[*5]がやってきて植民地にされてしまったせいで、フェリペ2世[*6]（スペイン国王）の名前が国名につけられちゃいました。

戦国時代の日本の為政者たちは、キリスト教とともに入ってくる文物や文化、科学技術の重要性は理解していたはずです。他方でキリスト教と結びついている帝国主義政策については、きわめて敏感《びんかん》に警戒《けいかい》していました。

安部――まったくおっしゃるとおりだと思います。1587年、豊臣秀吉はキリシタン追放令を出しました。でも秀吉は、信者がキリスト教を信仰すること自体は否定していません。秀吉の目には、イエズス会[*7]の宣教師たちの頭の中にある「日本侵略《しんりゃく》の意図」が明確に見えていました。だから日本を植民地化から守るために「宣教師を日本から追放せよ」と主張したのです。

大航海時代にスペインとポルトガルが外国へ出て行く契機《けいき》として、そもそも何があったのか。「イベリア半島からイスラム教徒を追い出すのだ」という、十字軍によるレコンキスタ[*8]（再征服《せいふく》）です。イベリア半島をキリスト教一色に染め上げたあとは、海洋を超《こ》えて世界中をキリスト教一色に染め上げる。日本へのキリスト教布教の裏には、明らかにそうした植民地政策と帝国主義拡大の意図がありました。

■スコセッシ監督の映画「沈黙」の問題点

佐藤―２０１７年、マーティン・スコセッシ監督の映画「沈黙―サイレンス―」（原題「Silence」）が日本で公開されました。あの映画を同志社大学神学部の学生に教材として見せたところ、いちばん出来のいい学生が「佐藤先生、この映画はカトリックの植民地政策を正当化する映画ですね」と言うのです。

安部―それは鋭《するど》い指摘《してき》です。

佐藤―あの映画は１６３３年ごろの日本を舞台《ぶたい》にしているわけですが、１６３３年というと、ちょうどドイツの宗教戦争「30年戦争」（１６１８～48年）の真っ最中でした。ドイツにおいてプロテスタント絶滅《ぜつめつ》政策を進めていたカトリックが、日本においてそれと同じことを考えていないはずがありません。

安部―彼らは異教徒を絶滅しようと考えて、戦争まで起こしたわけですからね。

佐藤―そんなカトリックが日本に入ってきたとき、戦国武将から強い警戒心を受けるのは当たり前です。日本に入ってきた宣教師や信徒は追《お》い詰《つ》められ、やがてひどい拷問《ごうもん》を受け、改宗を迫られて殉教《じゅんきょう》していきました。そこまでの緊張関係に、本国の教会の政策は宣教師や信徒を追いこんでしまったのです。スコセッシ監督の映画では、そこの問題が全部削除《さくじょ》されてしまっています。

武家社会の最下層にいる普通《ふつう》の民衆、普通の信徒に、およそ耐《た》えられない状況《じょうきょう》下でも「なお信仰を守れ」と要請《ようせい》する。しかも、そのことを美化する。はたしてこれが正しい布教方法だったのかと首をかしげます。

先ほどの学生は、映画を見ながら重要なことに気づきました。スコセッシ監督自身がカトリック教徒ですし、今のローマ教皇はイエズス会の出身です。この学生は「『沈黙』は大きなカトリックの戦略の中で受け入れられている映画ではないでしょうか」と指摘していました。

安部―映画の原作は遠藤周作《しゅうさく》の『沈黙』(1966年刊行)です。原作とスコセッシ監督の映画とでは、かなり意図的に内容が改変されていませんか。

佐藤―そうなのです。篠田正浩監督が作った「沈黙 SILENCE」(71年公開)とは全然違う映画です。スコセッシ監督の映画は、カトリック臭《しゅう》が非常に強くなりました。「転び伴天連《ばてれん》」になった主人公(セバスチャン・ロドリゴ神父)が死ぬとき、最後に棺桶《かんおけ》の中で奥さんが十字《じゅうじ》架《か》を握らせます。映画全体として、全員が隠《かく》れた形でカトリック信仰を守り続けて転ばなかったという終わり方でした。そこは遠藤周作の原作とは全然違うのです。

■十字軍によるヨーロッパのレコンキスタ

安部―先ほど、イベリア半島におけるレコンキスタの話題が出ました。ローマ帝国《ていこく》時代のイベリア半島はカトリック教徒の所領だったわけですが、やがてイスラム教徒に奪われてしまいます。その所領を再び取り戻《とりもど》すため、中世のカトリックは十字軍という遠征《えんせい》軍を送り続けました。信仰に基《もと》づいた「テンプル騎士《きし》団」という軍隊まで送り込み、やがてそうした騎士団を中心としてポルトガルやスペインが立国します。

テンプル騎士団が中心となって作ったポルトガルは、ちょっと早くて13世紀終わりに今の国境が決まり、スペインが立国したのは１４７９年でした。

佐藤―後ウマイヤ朝[*9]の首都コルドバなんて、11世紀前半に征服されるまで、レコンキスタに対抗《たいこう》してかなりがんばりました。

安部―イベリア半島にあったイスラム教の拠点《きょてん》グラナダが陥落《かんらく》したのは、それからずいぶんあとの１４９２年です。

ポルトガルとスペインが海外に出て行った理由は、一つは財政難でした。もう一つの理由は「レコンキスタ熱の輸出」です。カトリックは世界中でレコンキスタをやろうとしました。その動きの中に、イエズス会の世界布教が乗っかっているのです。くどいようですが、イエズス会の世界布教の裏には、帝国主義と植民地獲得の欲望が渦巻《うずま》いていました。

佐藤―これはカトリックのみならずプロテスタントの問題でもありますが、キリスト教の宣教で常に問題になるのは帝国主義化です。帝国主義と自分たちの宣教を、いったいどこで仕分けするのか。この問題が本格的に議論されるようになったのは、第2次世界大戦後のことでした。

カール・バルト[*10]（スイスのプロテスタント神学者）やヨゼフ・ルクル・フロマートカ[*11]（チェコのプロテスタント神学者）は「教会はミッション（伝道・布教・宣教）の機能はもたないほうがいいのではないか。なぜなら、我々はすでにミッションと帝国主義とを区分できなくなっている」「今やキリスト教は世界中で知られているのだから、いわば向こうから教会をノックしてくる人だけに信仰を勧《すす》めればいいのではないか」と考えました。

キリスト教の布教の仕方は、仏教とはだいぶ違います。仏教は帝国主義と結びついた発想で宣教されていません。ＳＧＩ[*12]（創価学会インタナショナル）のような仏教団体の広宣流布《こうせんるふ》、[*13]世界宗教化は、帝国主義や植民地主義のような発想とは完全に対極的です。同じ布教でも、仏教とキリスト教では文脈がかなり異なるのです。

■「僧侶が上、一般信徒が下」という誤った宗教観

佐藤―私の専門分野はチェコ神学です。実はチェコの大多数のプロテスタント教会には十字架がありません。

安部―えっ、それはなぜですか。

佐藤―十字架は十字軍のイメージそのものだからです。十字架は基本的に、カトリック教会にしか立っていません。プロテスタント教会におけるシンボルは、十字架ではなくワインのグラスです。

カトリック教会の教義では「キリストの血＝ワイン」「キリストの肉＝パン」と見なし、信徒は教会でワインとパンを少しずつ口にします。すると信者が「もしコップに入った血（ワイン）を誤って床《ゆか》にこぼしてしまったら畏《おそ》れ多《おお》い」と言って、ワインを口にする儀式《ぎしき》を辞退するようになりました。だからカトリックの教会では、今でも基本的にワインは神父しか口にしません。

宗教改革のときの一つの大きな動因は「神父（僧侶）と信徒（一般信徒）は平等であるべき

だ」という考え方でした。「オレたち一般信徒にもちゃんとワインを飲ませろ」という考え方が広まり、ワインのカップはプロテスタントの教会のシンボルになっていったのです。シンボルとして使われているワイングラスの画を見て、ときどき観光客が飲み屋だと勘違《かんちが》いして教会に来るらしいけど（笑）。

安部――僕も間違えて入っちゃいそうだなあ（笑）。

佐藤――「キリスト教＝カトリック」ではないし、「キリスト教＝プロテスタント」でもありません。ギリシャ正教やロシア正教だってあるわけですし、一口に「キリスト教」と言ってもさまざまなキリスト教があるわけです。

カトリシズム（カトリック主義）、それから一部のプロテスタンティズム（プロテスタント主義）には、帝国主義や植民地主義と結びついてきた歴史があります。学校教育でキリシタン史について教えるときには、今申し上げた側面もバランスを取って教えなければいけません。

安部――日本史の授業の中でも、ぜひそういうことを教えてもらいたいものです。フランシスコ・ザビエル[*14]以来の宣教師について、「危険を冒《おか》して極東まで宣教をしにやってきたいい人」というイメージでとらえている日本人が多いのではないでしょうか。それは一面的な理解の仕方です。「彼らは植民地支配の先兵《せんぺい》としてやってきた人たちなのだ」と認識していなければ、キリシタンへの大弾圧《だいだんあつ》がなぜ起きたのかがわからなくなってしまいます。

佐藤―「信教の自由を保障しなかった野蛮《やばん》な日本」という感じでとらえると、歴史を見誤ってしまいます。

安部―イエズス会の布教方式にも組織構造にも、軍隊方式のヒエラルキー（ピラミッド型の上下関係）が明確にありました。

佐藤―そうです。軍隊そのものです。

安部―洗礼子は洗礼親に対して「絶対服従」を誓《ちか》って洗礼を受けるわけです。すると洗礼親、洗礼子、洗礼孫にまたがるヒエラルキーが生まれます。

佐藤―ヒエラルキーを上がれば上がるほど「救いの確実性」は高まります。ヒエラルキーの上に上がっていけば、自分は確実に救われると考える。こういう思考は、おのずと「末端《まったん》の信徒重視」ではなく「幹部重視」「組織重視」に傾斜《けいしゃ》します。

安部―そのヒエラルキーが、大名支配のヒエラルキーと対立するのは当然です。秀吉たちはそれをいちばん怖《おそ》れ、キリスト教弾圧に乗り出しました。

佐藤―仏教の中でも、「猊下《げいか》」と呼ばれる法主《ほっす》を頂点とするヒエラルキーによって、「僧侶が上、一般信徒が下」という差別意識を構造化した教団がありました。

「救いの確実性」を志向するヒエラルキーの原理には、要するに「司祭が上、一般信徒が下」「僧侶が上、一般信徒が下」という差別意識があります。こういう差別意識に裏打ちされた宗教は、人と人の間に深刻な溝《みぞ》を作ってしまうのです。

■インテリジェンス・オフィサーとしての日蓮

佐藤― 13世紀の鎌倉《かまくら》時代に活躍した日蓮*15は、傑出《けっしゅつ》した宗教人でした。自分の土地と国の安全を、宗教人は明確に意識します。日蓮にはほかの宗教人にはない国際的な広い視野があったため、蒙古《もうこ》の襲来《しゅうらい》（1274年と1281年）を正確に予測し、時の国主に元寇《げんこう》を警告しました。グローバルな予測に基づいて、安全保障上の警告を発したのです。

安部― 日蓮には北方からの情報が正確に入っていたようです。

佐藤― 明らかにそうだと思います。日蓮は単なる宗教家にとどまらず、インテリジェンス・オフィサー（情報収集・分析《ぶんせき》の専門家）としての傑出した能力も備えていたのです。だからこそプロテスタントの内村鑑三《うちむらかんぞう》*16は西郷隆盛《さいごうたかもり》*17、上杉鷹山《うえすぎようざん》*18、二宮尊徳《にのみやそんとく》*19、中江藤樹《とうじゅ》*20の4人に日蓮を加え、著書『代表的日本人』を綴《つづ》ったのでしょう。

安部― 日蓮が書き記した言葉はすばらしいですね。迷いがない。的確である。よくこれだけ的確な言葉を次々と発信できるものだと感心します。人の苦悩《くのう》に優《やさ》しいというのかな。民衆と接するときに、ともかく非常に優しい。日蓮自身、漁師村で生まれた一人の民衆です。

佐藤━日蓮は小湊《こみなと》（現・千葉県鴨川市《かもがわし》小湊）で生まれました。

安部━彼の気質の中には、親鸞《しんらん》のような京都人のキャラクターとは全然違ったものがあると思います。

■フェイクニュースやヘイトスピーチに騙されないための智慧

佐藤━それにしても、歴史についてこうして語り合っていると、時空を超えて縦横無尽《じゅうおうむじん》に何でも語れるところがおもしろい。歴史について考察を深めるときに、結局のところ話はどこに収斂《しゅうれん》するのか。「人」であり「人間性」です。

安部━そう思います。

佐藤━歴史小説という文学形態は、亡《な》くなった歴史上の人物のリアリティを知るための格好の教材です。２０２０年を迎《むか》えた今、歴史観を磨《みが》くことがなぜ必要なのでしょう。人に強くなれるからです。歴史をよくわかる人は、人の気持ちの襞《ひだ》まで分け入るように洞察《どうさつ》できます。人の心を洞察できるようになれば、歴史への関心はよりいっそう高まります。

安部―本当におっしゃるとおりです。歴史から真摯《しんし》に学び、確固たる歴史観を自分の中にもっていなければ、権力者のウソにすぐ騙《だま》されてしまいます。デマやフェイクニュース、排他《はいた》的な民族差別を繰《く》り広《ひろ》げるヘイトスピーチに、簡単に騙されてしまうのです。

この対談で僕は、①歴史についての情報量　②歴史と対峙した経験　③そこから生まれる発想力全体を「歴史的な教養」と定義しました。①〜③を意識しながら、歴史を読み解く力をスキルアップしていきたいものです。

佐藤―今自分たちが置かれている状況は、さまざまな与件《よけん》と因果によって目まぐるしく変遷《へんせん》していきます。これは個人の身の回りにおいても、国家間の外交関係においても同様です。状況の変化が早すぎるからといって、「自分はこれ以上ついていけない」とあきらめる必要はありません。あきらめた瞬間そこで終わりです。

どんなに大変な状況に置かれようが、決してあきらめず自分が変わっていけば、必ず未来を開くことができる。そうやって歴史を切り拓《ひら》いてきた先人のストーリーを生き生きと描《えが》く歴史小説は、読者に無限の希望を与《あた》えてくれるのです。

第3章　大航海時代と重商主義の時代

海外との貿易が日本の産業構造を変え、争乱が起きる。これが日本史の法則性だ。戦国時代はまさにポルトガル、スペインによる南蛮貿易を抜きにして語ることはできない。その核心部分がキリスト教、鉄砲であり、さらにレコンキスタ、トルデシリャス条約までさかのぼることが重要だ。

■日宋貿易↓日元貿易↓日明貿易↓南蛮貿易の系譜

佐藤―応仁《おうにん》の乱＊1（1467～77年）が起きたことによって、室町《むろまち》幕府（1336～1573年）の安定的な統治体制は崩《くず》れてしまいました。応仁の乱以後の日本では幕府の権威《けんい》が失墜《しっつい》し、各地で戦国大名が群雄割拠《ぐんゆうかっきょ》する戦乱の時代に突入《とつにゅう》します。

鎌倉《かまくら》幕府（1185～1333年）が倒《たお》れ、室町幕府が成立した背景には、どういった地政学的変化があったのでしょうか。当時、高度国防国家である中国の明《みん》が台頭して、日本の安全保障が深刻に脅《おびや》かされていたのです。

大国・明の台頭に対して日本側がどういう戦略を採ったかというと、同じように高度国防国家でいくという戦略ではありませんでした。足利《あしかが》氏の室町幕府は明らかに「大きな政府」ではなく、「小さな政府」を選択《せんたく》しています。政府機能は非常に小さく、経済機能に関しては幕府があれこれ指図せず、基本的に商人に任せてしまう。そういう戦略を採ったため、室町時代が始まってから地方の力がものすごく強くなっていきました。

安部―まさにおっしゃるとおりです。日本の通史をひもといてみると、時代が変わっても共通している法則性が見えてきます。海外との貿易が国内の産業構造を変え、その産業構造に乗っかって力を蓄《たくわ》えた勢力が台頭し、旧勢力と対立することで争乱になるのです。

古いところでは、平安時代（794〜1185年）末期を生きた平清盛《たいらのきよもり》*2が、日宋《にっそう》貿易の担《にな》い手《て》となりました。大輪田泊《おおわだのとまり》（現・神戸港《こうべ》）から瀬戸内海《せとないかい》航路を用いた交易によって経済的利潤《りじゅん》を手にし、どんどん力を蓄えていきます。

南北朝時代（1336〜1392年）を迎えるころになると、日元貿易によって楠木正成《くすのきまさしげ》*3や赤松円心《あかまつえんしん》*4、名和長年《なわながとし》*5といった武将が経済的に力をつけ、鎌倉幕府の支配を打ち破っていきました。その動きに後醍醐《ごだいご》天皇*6が乗っかり、鎌倉幕府打倒《だとう》を実現するのです。

先ほど佐藤さんがおっしゃった応仁の乱の時代は、日明《にちみん》貿易が盛《さか》んに行われています。日明貿易によって力を蓄えた西国の大名、代表的なところでは山名氏*7や大内氏*8が足利幕府の体制を揺《ゆ》るがそうと画策し、応仁の乱が発生しました。

続いて16世紀半ばになると、ポルトガルやスペインとの南蛮貿易によって力を得た織田信長や毛利元就《もとなり》、島津氏*9が台頭します。最後は幕末の列強貿易です。アメリカやイギリス、ロシアとの貿易によって島津氏や毛利氏が力を得て、幕藩体制《ばくはんたいせい》を崩していきました。

佐藤——まさに「歴史は繰《く》り返《かえ》す」ですね。

安部——ええ。日本史には法則性があるのです。日明貿易によって力を得た地方の大名が、戦乱の火の手をあちこちで挙げ、室町幕府の体制を崩して戦国時代に突入していく。戦国時代が始まった背景には南蛮貿易がありますから、日本史を通じて繰り返されてきた法則性に当てはまります。

佐藤―その法則性が、まるで振《ふ》り子《こ》のように揺れるのですよね。国際的、対外的に開かれた交易を進めれば、社会はものすごく変化に富んでいきます。社会が安定化していくと、今度は外との関係が閉ざされて内向きになってしまう。内向きになったと思ったら、またしても中国大陸や列強諸国との交易が始まって社会が揺れ始める。

安部―ええ。日本史はまさにその繰り返しでした。

■徳川幕府「パクス・トクガワーナ」の時代

佐藤―現在の日本に目を向けてみると、今の日本は内向きな安定化を志向していると思います。世界的にはグローバリゼーションがどんどん進んでいるのに、今の日本人はあまり外に出ていきません。日本の貿易はGDP（国内総生産）の16％ですが、韓国の貿易はGDPの38％に達します。日本人は「自分たちは貿易が盛んな国で暮らしている」と思っていますが、国際社会と比較《ひかく》すれば意外と閉じているのです。

ここは鎖国《さこく》体制だった江戸《えど》時代（1603～1868年）と似ています。15世紀半ばから大航海時代が始まり、江戸時代にはすでに世界的な規模で地球が一体化する流れが進んでいました。なのに江戸幕府はきわめて限定的な交易しか手がけることなく、「パクス・ロマーナ」（200年間続いたローマの平和／「Pax」はラテン語で「平和」）ならぬ「パクス・トクガワーナ」（徳川幕府による平和）の安定的な時代を謳歌《おうか》します。

安部━海外諸国との関係に基《もと》づく法則性は、日本史の中で背骨のように一本筋が通っていました。その法則性をきちんと理解していれば、これからの日本で何が起きるか予測がつくはずです。

佐藤━1926年生まれの渡邉恒雄《わたなべつねお》さん（読売新聞グループ本社代表取締役主筆）は、93歳になられる今もたいへんお元気です。つい最近、渡邉さんにお目にかかって対談する機会がありました。そのとき平成の特徴《とくちょう》について訊《たず》ねたところ、太平洋戦争の生々しい経験がある渡邉さんはこうおっしゃったのです。

〈**佐藤**━渡邉さんから見られて、平成の30年間はどんな時代でしたか。

渡邉━いい時代でしたよ。何しろ戦争がない。それに対して昭和は嫌《いや》な時代だったな。僕は大正15年生まれだから、昭和を全部味わった。戦争が始まって、負けて、負けた後の占《せん》領《りょう》時代があって、ここまで来るのに日本人は相当努力しなきゃいけなかった。

佐藤―非常に重要な総括《そうかつ》ですね。

渡邉―平成の間に日本が巻《ま》き込《こ》まれた戦争は一度もない。国際的にはマルタ会談があって冷戦が終結し、ベルリンの壁《かべ》が崩壊《ほうかい》した。いいことばかりだ。イラクのクウェート侵攻《しんこう》やアメリカのイラク攻撃《こうげき》があったにせよ、世界大戦は起きていない〉（「週刊新潮」２０２０年1月２・９日号「佐藤優の頂上対決」https://www.dailyshincho.jp/article/2020/01140555/?all=1）

大きな戦争が起きない平和な流れを、今後もきちんと維持《いじ》していけるのかどうか。戦乱の時代に再び突入しないためにも、歴史から学ぶことは非常に重要です。

安部―世界はグローバル化の時代に入っているのに、日本の若者はあまり海外留学に行こうとしません。まるで鎖国していた江戸時代のように日本人が内向きになっていることが、今後どのような影響《えいきょう》を及《およ》ぼすのでしょうか。

佐藤―２０２０年度から、日本政府は英語を小学5～6年生の必修科目にしました。「これからの時代は英語で読み書きできる能力をつけなければいけない」と、政府が日本人のお尻《しり》を叩《たた》いているのです。安部先生や我々の時代には、人からお尻を叩かれなくてもみんな英語を一生懸命《いっしょうけんめい》勉強しましたよね。

安部―たしかにそうです。「外国へ飛び出していこう」という夢とロマンがありました。

佐藤―自分もまわりの友だちも「いつか外国に行ってみたい」とあこがれていましたよね。ラジオで外国語の放送を聴《き》いたり、外国で暮らしている人と文通したり、外への目が開かれていました。

安部―私は埼玉県大宮市（現・さいたま市）の出身なのですが、昔は浦和《うらわ》や大宮の地方書店にも必ず洋書コーナーがあったものです。当時、浦和に外国人はほとんどいなかったのに、書店には洋書がたくさん置かれていました。今は中堅《ちゅうけん》くらいの大きさの書店に出かけても、洋書コーナーはとても小さいです。町の書店ではほとんど洋書は見かけません。こうした変化は、日本人がもつ外国への関心度と密接に関係しています。

安部―ウチの娘はイギリスへ留学したんですけど、留学説明会に出かけると9割が女の子なのです。女性は海外への興味を盛んにもっているのに、男の子は「留学なんてしたら、同期より無駄《むだ》に年を重ねて就職に影響する」と言って外国に行きたがりません。若い男の子は、江戸時代のお侍みたいにやたらと内向きになっているのかもしれませんね。

■大航海時代とトルデシリャス条約

佐藤―戦国時代にあれだけの大戦乱が続いて大量の血が流れなければ、日本人は「恒久《こうきゅう》的な平和が必要だ」という真剣《しんけん》な気持ちにはならなかったはずです。その意味でも、戦国時代について勉強することは非常に重要だと思います。

安部―鎖国政策を採っていた江戸幕府は、国民に外国のことを教えようとはしませんでした。そのために戦国時代について、国内の史観だけで長い間語られてきました。その弊害《へいがい》は、明治維新《いしん》（１８６８年）から現在に至るまで是正《ぜせい》されていません。ＮＨＫの大河ドラマで戦国時代を扱《あつか》った作品を観《み》ても、あいも変わらず鎖国史観に基づいた物語になっているのです。

戦国時代にはとっくに大航海時代が始まっており、日本は初めてヨーロッパと出合いました。ヨーロッパとの交流は、江戸幕府が鎖国を始めるまで１００年近くも続きます。その重要性は計り知れないくらい大きい。そういう視点を抜《ぬ》きに戦国時代を語ることには、あまり意味がないとすら思います。

佐藤―戦国時代には、日本にキリスト教が伝来されました。ローマ教皇が承認《しょうにん》したトルデシリャス条約（１４９４年）によって、ポルトガルとスペインは大西洋に勝手に縦線を引き、東側はポルトガル、西側はスペインと制海権を定めます。

竹田いさみ先生（獨協《どっきょう》大学外国語学部教授）が出版された『海の地政学　覇権《はけん》をめぐる400年史』（中公新書）という本を読むと、このあたりの事情がわかりやすく書かれているのです。「自然法と国際法の父」と呼ばれるグロチウス*10（オランダの法学者）は『海洋自由論』なんて本を書いているわけですが、海洋の自由なんてそもそも世界には全然なかった。なにしろ大航海時代が始まった直後の15世紀の段階で、海を含《ふく》めて地球を真っ二つに分けちゃったわけですからね。

安部―おっしゃるとおりです。

佐藤―「スペインとポルトガルのやり方はあまりにもひどい」と怒《おこ》ったオランダが対抗《たいこう》しようとしても、武力ではとても対抗できません。だからオランダは理屈《りくつ》と自由貿易によって、スペインとポルトガルに対抗しました。その流れで、グロチウスによる「海洋自由論」「海洋は誰《だれ》のものでもない」という主張が出てくるのです。

こうして世界はグロチウスの理論に傾《かたむ》いていったわけですが、1945年にアメリカのトルーマン大統領が海洋自由論の流れを断《た》ち切《き》りました。メキシコ湾《わん》の石油を開発したいアメリカが、沿岸部の領有権を主張し始めたのです。そこで1982年に国連海洋法条約が作られ、アメリカによるメキシコ湾の領有権主張に調整をつけようとしました。その国連海洋法条約の秩序《ちつじょ》に、今中国が挑戦《ちょうせん》しているのです。

■レコンキスタと十字軍

安部―トルデシリャス条約によって世界の海洋がスペインとポルトガルに分けられたあと、ヨーロッパで宗教改革が起きます。宗教改革側の力が非常に強いため、カトリックは教会組織を再編してイエズス会を編制しました。そして「世界の果てまでカトリックの教えを広めよう」という世界布教が始まります。

もう一つ重要な動きは、前にも話しましたがレコンキスタ（再征服《せいふく》）です。

佐藤―「イベリア半島からイスラム教徒を追い出せ」と。

安部―711年にイスラム軍が侵攻してから、イスラム教徒が長らくイベリア半島を支配していました。そのイベリア半島に、カトリック教会は十字軍を派遣《はけん》して再征服しようとします。このとき派遣された騎士《きし》団によって、ポルトガルもスペインも建国されました。

ポルトガルは1143年に成立して、13世紀終わりに今の国境が決まった国です。スペインができたのは1479年。応仁の乱よりあとですから、スペインはとても新しい国なのです。

佐藤―1492年のグラナダ陥落《かんらく》によってレコンキスタは完了《かんりょう》し、イスラム勢力はイベリア半島から駆逐《くちく》されました。と同時に、レコンキスタの時期に東《ひがし》ローマ（ビザンツ）帝国《ていこく》が滅《めつ》亡《ぼう》して、イスラム勢力は近東を支配するようになります。それまでのキリスト教世界は、コンスタンティノープル（現・トルコ・イスタンブール）まで足をかけていました。レコンキスタによって、世界のパワーバランスが大きく動いたのです。

こうした大きなダイナミズムの時期に、日本は戦国時代を迎《むか》えました。

安部―イスラム教徒をイベリア半島から追い出したレコンキスタの勢いそのままに、ポルトガルとスペインは世界の海へと漕《こ》ぎ出していきます。スペインが支援《しえん》したコロンブス[*11]は、1492年に大西洋を横断してサン・サルバドル島（中米のバハマ諸島）に到達《とうたつ》しました。アメリカ大陸の発見です。

ポルトガルの支援を受けたヴァスコ・ダ・ガマ[*12]は、ヨーロッパからアフリカ大陸南端《なんたん》の喜《き》望峰《ぼうほう》を回って東に向かう旅に挑戦しました。そして1498年、インドまで到達するインド航路を発見します。

トルデシリャス条約によって地球の上に線が引かれ、大西洋の真ん中から東はポルトガルが占有権《せんゆう》をもつ。西側はスペインが占有権をもつ。西と東に進出経路が分かれたポルトガルとスペインは、それぞれ重要な航路を発見しました。

ポルトガルとスペインにトルデシリャス条約という大権益を認めたのは、レコンキスタを成功させてくれた両国に対する、ローマ・カトリック教会のご褒美《ほうび》だったのでしょう。まったくイケイケドンドンですよね。ソビエト連邦がロシア革命の手法を世界中に輸出したように、彼らはレコンキスタの果実を世界に輸出しようとしたのです。

佐藤―安部先生がおっしゃるように、とてもよく似ています。それはカトリシズムという「普遍《ふへん》主義の輸出」であって、一種の「革命の輸出」でした。

■「農業」から「商業」への大転換

安部―先ほど佐藤さんから「室町幕府は小さな政府だった」という指摘《してき》がありました。そうした政策を採用しながら、室町幕府はどうやって全国の統一を維持していたのでしょう。

室町幕府を治める足利家の主体は関東です。南北朝時代に貿易が盛んになると、関東よりも大陸に近い西日本のほうが経済的な優位に立ちます。東日本は農本主義国家のままの状《じょう》況《きょう》が続き、西日本は重商主義国家へと変質していきました。

佐藤―ちょうど関ヶ原あたりで、農本主義国家と重商主義国家に分かれるわけですね。

安部―足利幕府の本拠地《ほんきょち》は関東ですから、鎌倉幕府のように関東に軸足《じくあし》を置き続けたい。そのうえで京都を治めておかなければ、いつ西側で反乱《はんらん》が起きるかわかりません。そこで室町御所《ごしょ》を京都に置きました。

西国を治める山名氏や大内氏のような強大な大名と、正面から争うようなことをしてはならない。これが応仁の乱の教訓です。彼らに統治権を渡《わた》しつつ、中央政府に従わせる方法を室町幕府は採りました。「守護領国制」と言いまして、守護大名に領国の統治を任せるのです。

1530年代に、重商主義国家への移行を決定づける動きがありました。石見《いわみ》銀山（現・島根県大田市）で銀の生産が始まったのです。

佐藤―あれは巨大《きょだい》な銀山です。最盛期《さいせいき》には世界中の銀の3分の1を生産していたと言われます。

安部―石見銀山は、博多の豪商《ごうしょう》・神谷寿禎《かみやじゅてい》が開発を進めました。「灰吹法《はいふきほう》」という新しい精錬《せいれん》技術を導入して、純度の高い銀を東南アジアへ大量に輸出したのです。

それに目をつけたのが、マカオまで進出していたポルトガルでした。安い銀を手に入れるために、ポルトガルはなんとかして日本と交易を始めたい。当時の日本はまだ発展途上《とじょう》国でしたから、ポルトガルが世界通貨として使っている銀をきわめて安く買えたのです。
日本の銀を買って世界通貨として使えば、それだけで何倍もの儲《もう》けが出ます。幕末に起きた金の流出と一緒《いっしょ》の動きです。この貿易にはものすごい旨味《うまみ》があるので、なんとかして日本に食いこみたい。そこでポルトガルは南蛮貿易を始めました。

佐藤―今と比べると、銀の価値が圧倒的《あっとうてき》に高い時代ですからね。特に当時のアジアはほとんどの国が銀本位制でした。

安部―南蛮貿易が盛んになると、西日本を中心に商業流通が飛躍《ひやく》的に伸《の》びていきます。すると農本主義体制でやってきた守護大名たちが、変化に対応できなくなってくるのです。やがて日本全体が、重商主義体制の国家へと変貌《へんぼう》していきました。
時代の変化に鋭敏《えいびん》に対応できたのは、守護代として領国に滞在《たいざい》し、変わりゆく経済体制に乗っかってうまく商売をしていた人たちです。富を得た彼らは、守護大名に代わって戦国大名として台頭していきました。

佐藤―ポルトガルとの交易によって「農業から商業へ」と日本全体が変化していった。

安部―ええ。おっしゃるとおりです。

■港を握る者が経済を制する

安部―ポルトガルとの貿易が始まり、国内の経済構造が変化すると、農本主義から重商主義へと移行していきました。すると莫大《ばくだい》なカネが守護代の元に入るようになります。彼らはそのカネを使って軍事力を強化し、自分の既得《きとく》権益、所領を拡大していこうとしました。所領というよりも「通商圏《けん》の拡大」と見たほうがいいでしょう。

かたや農本主義の守護大名は、領国を拡大する必要はありません。だって今ある所領だけで十分食えているのですからね。

佐藤―通商圏を拡大するためにはどうすればいいのか。大事なのは流通拠点《きょてん》の確保であり、ネットワークの強化です。

安部―そうなのです。

佐藤―現代的に言うと、プラットフォームの確保ですよね。自分のルールでネットワークを支配し、自由自在にビジネスができるようにする。

安部―すると自分の通商圏と相手方の通商圏がダイレクトに連結しますから、利益の入り方が全然違《ちが》ってきます。とりわけたいせつな拠点は港です。商品経済が発展すると、港の利用がどんどん増えていきます。

佐藤―我々は鉄道網《もう》と道路網が整備されている時代に物事を考えるから、港の重要性がよくわからないのです。貨物列車や高速道路が日本中に整備されているわけでもありませんし、当時の陸上交通ではたいしてモノを移動させることができません。あの時代に物流をやるためには、海上交通が絶対必要なのです。世界史を眺《なが》めてみても、内陸にいる人々は川や運河の周辺に集まってきます。

安部―「海から港へ」「港から川へ」ですよね。港をガッチリ支配しておけば、港湾《こうわん》利用税と関税を取れます。これが莫大な収入源になるのです。なぜ織田信長があれだけ飛躍できたのでしょう。津島《つしま》（愛知県西部）と熱田《あつた》（名古屋）の港を押《お》さえていたからです。上杉家[*13]は直江《なおえ》津港《つこう》（新潟県）を押さえて、北陸・日本海航路の拠点としました。

佐藤―内陸を押さえても旨味は大きくない。金山か銀山が見つかれば話は別ですが。

安部―そうした日本国内の構造の変化が、ポルトガルには完全に見えていました。13世紀から16世紀にかけて、朝鮮半島や中国海域に「倭寇《わこう》」が出没《しゅつぼつ》します。他国の船から略奪《りゃくだつ》する海賊《かいぞく》も「倭寇」と呼ばれましたし、私貿易（密貿易）をコッソリする人々も「倭寇」と呼ばれました。「倭寇」はポルトガルとも当然取引していたでしょうから、情報はリアルタイムで入っていたと思います。

佐藤―商人の情報入手能力はすごいですからね。自分のビジネスに関わる情報は、あちこちに張《は》り巡《めぐ》らされたネットワークからどんどん仕入れます。

安部―どこに何をもっていけば高く売れるのか。どこに行けば旨味のある商品を安く仕入れられるのか。そうした情報が商《あきな》いの命なのです。

■「種子島鉄砲伝来」に関する真解釈

安部―百科事典を読むと、火縄銃《ひなわじゅう》について〈種子島に漂着《ひょうちゃく》したポルトガル人によって、初めて日本にもたらされた〉と書いてあります。でも鉄砲伝来記（『鉄炮記《てっぽうき》』）を読むと「王直《おうちょく》[*14]の船に乗ってきた」と書いてあるのです。

佐藤―つまり、たまたま船が流れ着いたわけではなく、政府の命を受けたポルトガル人が王直の船に乗って意図的に日本にやってきた。

安部―ポルトガル人は、種子島までわざわざ鉄砲を売りこみに来たのだと思います。彼らにはどうしても鉄砲を売りこみたい動機がありました。マカオあるいは東南アジアに駐留《ちゅうりゅう》していたポルトガル人たちは、火薬の原料となる硫黄《いおう》が足りなくて困っていたのです。火薬の原料は硝石《しょうせき》と硫黄と木炭なのに、硫黄だけが足りませんでした。彼らは鉄砲と引《ひ》き換《か》えに、日本で作られる優良な硫黄を手に入れたかったのです。

反対に日本には硝石がないため、火薬を作るためには外国から硝石を輸入しなければいけません。

佐藤――そこで両者の利益が一致《いっち》した。

安部――ポルトガルが日本から買った硫黄を、わざわざ東南アジアまで運んで火薬を作るのでは効率が良くありません。だったら種子島にプラントを造り、日本の硫黄とポルトガルの硝石を合体させて、現地で火薬を作ってはどうか。ついでに鉄砲工場まで造ってしまえば、種子島を拠点として鉄砲と火薬をセットで売りこめます。

佐藤――総合商社が考える現地生産の発想です。

安部――「どうも日本はかなりの戦乱状態にあるらしい。今なら鉄砲と火薬がいくらでも売れるぞ」。ポルトガルはそんなふうにソロバンを弾《はじ》いたのでしょう。日本人に鉄砲を使わせる習慣を身につけさせ、硝石をどんどん売りこむ。こうしてポルトガルは商売を成功させ、日本の戦国武将の戦い方が「飛び道具」を使ったものへと変わっていきました。

■種子島に鉄砲製造工場を建設したポルトガルの思惑

安部──鉄砲を造るために使う原材料にも、日本にはないものがあります。鉄砲のカラクリ（機関部）に使う真鍮《しんちゅう》（銅《どう》と亜鉛《あえん》の合金）です。それから鉄砲の砲身《ほうしん》の中身は二重構造になっていまして、内側には軟鋼《なんこう》という柔《やわ》らかい鋼《はがね》が使われています。

佐藤──柔らかい鋼でなければ、筒状《つつじょう》に丸く加工することはできません。普通《ふつう》の鋼を使ったら、硬《かた》すぎてとても円形には丸まらない。

安部──柔らかい鋼を板状に伸ばして、芯《しん》棒を入れて巻く。軟鋼を水道管みたいに加工したところに、葛《かずら》状に鋼を巻いて砲身を作るのです。真鍮や軟鋼を作る技術は、明治維新まで日本にはありませんでした。だから輸入するしかなかったのです。

ですからこれを売りこんだポルトガルの商人は、一人勝ち状態で大儲《おおもう》けできました。こうした客観的状況を見ると「鉄砲を伝えたポルトガル人はたまたま漂着したのではなく、自ら売りこみに来た」という結論に至らざるをえないのです。

佐藤──教科書的には「種子島にポルトガル人がたまたま漂着した」ということになっていますが、安部先生がおっしゃった仮説のほうが説得力があります。

安部― 種子島に鉄砲を伝えた翌年、ポルトガル人は一度マカオに帰って、鉄砲を造るための工作機械をもってきました。その工作機械は、砲身の後ろ側に雌《め》ネジを切り、尾栓《びせん》をつけられるようにするためのものです。

佐藤― その複雑な加工をしなければ、鉄砲が正常に作動しないのですね。

安部― 砲身が動かないように固定し、そこに「タップ」という硬い鋼の工具（雄《お》ネジ型の溝《みぞ》がついた工具）をねじ込《こ》み、もう一度引き出す。すると雌ネジができるのです。こういう工作機械をわざわざ持ちこんでいるくらいですから、かなり戦略的なのです。アメリカが日本に原子力発電所を造らせ、ウランをセットで輸出するのと同じことをポルトガルはやっていました。

佐藤― ネジという観点から種子島の鉄砲伝来を読み解くとは、安部先生ならではの鋭《するど》い着眼点です。

安部― 学生時代には機械工学を学んでいましたから、どうやってモノが作られていくのか自然と興味が向かうのです。

佐藤― ネジは大変な発明です。思いついてしまえば簡単なように見えますが、その発明までなかなか思い至らない。ネジがあるとないとでは、製品の強度は全然違います。

安部―ええ。それに鉄砲は、撃《う》ったあと筒《つつ》を掃除《そうじ》しなければいけません。火薬のカスが出ますからね。尾栓をはずして後ろを開けられるようにしておかなければ、掃除ができません。

レコンキスタのおかげかもしれませんが、ヨーロッパでは鉄砲製造の技術、大砲《たいほう》製造の技術はものすごく進んでいました。僕はポルトガルのリスボンにある軍事博物館に行ったことがあるのですが、1540年代の段階で口径40センチくらいの大砲が造られているのです。

佐藤―織田信長が生まれたのが1534年ですから、そのちょっとあとの時期ですね。

安部―その軍事先進国が、大砲を装備した最新鋭《さいしんえい》の「ガレオン船」や「ナウ船」に乗って日本にやってくる。まさに幕末の黒船みたいなものですよ。

■硫黄のプラント工場・硫黄島と経済戦

佐藤―日本でキリスト教の布教を認めなければ、鉄砲や火薬を手に入れることができない。そういう構図が、ポルトガルによって作られてしまいました。

安部―彼らと対等に商売をする実力を、大名たちはもっていなかったので、そうするほかなかったのです。島津氏は薩摩半島の南にある硫黄島《いおうじま》（現・鹿児島県三島村）を押さえていますから、硫黄を売ることができます。毛利氏は石見銀山を支配しているので、銀を売れます。

だから島津氏や毛利氏は、ポルトガルとバーター取引することができました。

佐藤―売るものを何ももっていない大名がポルトガルと取引するためには、精神を売るしかありませんでした。

安部―そう。宗教をくら替《が》えしてキリシタン大名になっていくのです。

佐藤―そのやり方はイスラム教の布教と似ています。イスラム教徒になったほうが交易条件が有利ですから、各地にイスラム教が定着していくのです。

安部―カトリック教会も、それと同じやり方で日本における社会的影響を強化していきました。すると日本の社会のありようが、根底からいびつに変化していくのです。

鉄砲を買うためには、大金が必要でした。当然、経済力がなければ鉄砲や弾薬《だんやく》は買えません。最新鋭の武器を買えなければ、戦《いくさ》には勝てない。「では大元であるカネをどう稼《かせ》ぐのか」という問題が、喫緊《きっきん》の課題として浮上《ふじょう》するのです。

佐藤―だんだん肉弾《にくだん》戦や実戦ではなく、経済戦になってくるのですよね。

安部―そうなのです。そこから経済万能《ばんのう》主義、あるいは拝金《はいきん》主義が社会に広がっていきました。こういう観点から見ると、戦国時代は今とかなり似ていると思います。カネと経済がいちばん重要なのであって、従来たいせつだとされてきた価値観はどうでもよくなってしまう。

神仏の教えにしても、天皇と朝廷《ちょうてい》を中心とする秩序にしても、信長はゼロに等しいとさえ考えていました。では信長は、何によって自分たちの存在を支えていこうとしたのか。「天道」です。「戦に勝ったほうが天道にかなっているのだ」と彼は考えました。中国の場合、絶対的に正しい天から任命された皇帝《こうてい》が最高位にいます。これが中国の天下思想です。信長はその天下思想を日本的にアレンジしたのでしょう。

佐藤―実は論理が逆なんですけどね。信長は「オレたちは戦に勝っているから、天に支持されているのだ」と考える。天下思想のように「天に支持されているから戦に勝つ」とは考えない。

安部―発想が人間中心主義なのです。すると規範《きはん》の制約、人間の行動を押し留《とど》める規範のタガが外れてしまいます。だから果てしない殺し合いに突入していってしまいました。

佐藤―「勝ったほうが正しいのだ」という発想だと、当然そうなります。

安部―ええ。だから信長は、たとえ親子や兄弟でも都合が悪い存在は殺し、家族を切腹させる状況まで突入していくのです。

■大きすぎて飛ばなかった「大砲の王様」

佐藤―先ほど、安部先生がおっしゃっていた大砲のお話を聴きながら思い出しました。ロシアには「大砲の王様」（ツァーリ・プーシュカ）があるのです。「世界最大の大砲を造る」と言って造ったんだけど、砲弾《ほうだん》が飛ばなかった。一度も撃ったことがない平和的な大砲です（笑）。それと同時に「世界最大の鐘《かね》を造れ」と命令が出て大きな鐘を造ったのですが、これは重すぎてもち上がらなかった（笑）。火事になったのであわてて水をかけたら、鐘は割れちゃった。

こういうものを造ってしまうところが、ロシア人の発想を知るうえで非常に重要なのです。クレムリン（現・ロシア大統領府）に出かけると、今でも「大砲の王様」は近くで見られますよ。クレムリンのド真ん中に置いてあります。

安部―それはぜひ見てみたい。いつごろ造られたものですか。

佐藤―1586年です。

安部―口径はどのくらいあるのですか。

佐藤―890ミリです。

安部―それはバカでかいなあ。そんな巨大な大砲で砲弾を飛ばそうとしたら、火薬が爆発《ばくはつ》したときに砲身ごと吹《ふ》っ飛《と》ぶかもしれない（笑）。１５８６年というと、その翌年が豊臣秀吉の九州征伐《せいばつ》ですね。

佐藤―弾《たま》が飛ぶのかどうかわからないのに、とにかくでかいものがほしかった。ツァーリ（皇帝）と軍人の発想は、そんな感じだったのです。

安部―自分たちの技術ではとても追いつかないので、意外とドイツの技術者にコッソリ造ってもらっていたのかもしれませんね。

■イエズス会宣教師フロイスから見た日本の宗教

佐藤―中央集権的な権力を行使していくためには、最新の軍事技術をもっていることが決定的に重要です。硝石を手に入れて火薬や弾丸《だんがん》を作れるようになれば、海外へのネットワークが広がります。鉄砲を押さえている者とは、実は貿易を押さえている者でもあるのです。こうして織田信長は、重商主義者として確実に力をつけていきました。

安部―新兵器《しんへいき》をもっているかどうかで、戦の勝敗はまったく変わってきますからね。日本に鉄砲が売りこまれた背後には、ポルトガルの思惑が如実《にょじつ》に働いています。日本に南蛮船が来て交易をするためには、ポルトガルの許可を取らなければいけません。誰に鉄砲を売るのか、誰にどんな物資を売るのかは、全部ポルトガル政府が決めるのです。

佐藤―売り手市場になるわけですよね。そこでは必ずしも市場原理が働かない。戦国武将がオカネを出すから鉄砲を買えるわけではなく、銃《じゅう》や弾薬の売買に当たっては政治的要因が働いていました。

安部―そこでイエズス会が重要な役割を果たすのです。イエズス会はポルトガル政府と地域の大名を結びつける存在でした。

佐藤―私もそう思います。

安部―当時のカトリック教徒の中では、意識の変化が起こっていました。レコンキスタに関わったカトリック教徒の精神の内面が、どういうふうに変わっていったのかを見ることが重要です。彼らはどんな覚悟《かくご》と使命感をもって、世界宣教に飛び出して行ったと思われますか。

佐藤―「我々は地の果てまでも正しいキリスト教であるカトリシズムを広めるのだ」と堅《かた》く信じていたに違いありません。「間違《まちが》ったプロテスタンティズムが世界に出ていくのは困る。同じキリスト教でも、我々が信じる正しいカトリックを広めるのだ」と信じていたのです。「カトリック」とは「普遍的」という意味でもあります。「どの地でも通用する普遍的なキリスト教を伝えるのだ」という思いだったはずです。

佐藤―それは彼らの中の常識なのですよね。

安部―ルイス・フロイス[*15]（イエズス会の宣教師）が書いた『日本史』を読むと、日本の神仏、日本の信仰《しんこう》について徹底《てってい》的に悪く書いています。しかしフロイスは、神仏を貶《おとし》めようとしてそうした文章を書いたわけではありません。

■マカオの司教が作ったキリシタン版の『太平記』

佐藤―フロイスの『日本史』で思い出しましたが、マカオの司教はキリシタン版の『太平記』を印刷しているのです。

安部―『太平記』とは、鎌倉時代終わりから南北朝時代にかけての戦乱を記録した全40巻の長大な軍記です。

佐藤―司教が日本語で『太平記』を勉強すると、日本に行ってからそのまま日本語が使えます。『太平記』はヨーロッパでいうところの、ダンテ[*16]の『神曲』みたいな立ち位置です。世界像は中世を描《えが》いているのですが、表現方法は近代的でとても優《すぐ》れている。だから当時のカトリック教会の宣教にとって、『太平記』はとても重要だったのです。

『太平記』には神仏の話がたくさん出てきます。すると「これは異教の本か」と言われかねない。そこに関しては「この本はキリスト教にとって有害ではない」という証明書がついています。マカオの司教が「『太平記』は反キリスト教的な本ではない」と証明書をつけて、キリシタン版『太平記』を印刷しているのです。

安部―それはおもしろい。

佐藤―フロイスが書いた『日本史』を読むと「ここまで言うか」と思うほど日本の神仏を徹底的に非難しているのに、なぜ『太平記』は許可されたのだろうと不思議に思います。カトリック教会は、そのあたりは便宜《べんぎ》主義的なのです。ちなみにキリシタン版『太平記』は教文館から復刻されていますので、日本でも簡単に手に入れることができます。

ともかく、彼らが抱《いだ》いた情熱は「自分たちの正しい教えを世界に伝えるのだ」の一点です。「自由と民主主義を世界に伝えるのだ」「自由と民主主義は普遍的な概念《がいねん》なのだ」と信じていた、一昔前のアメリカのネオコン（新保守主義）みたいな感じでしょうか。

安部―その情熱の裏にあるべき寛容《かんよう》性は乏《とぼ》しかった。

佐藤―きわめて乏しいです。普遍性を強調すればするほど、寛容性が乏しくなってしまいます。単一原理によって相手を抑《おさ》えつけようとしますからね。「信仰心の現《あらわ》れ方はいろいろである」と寛容性をもって布教にあたると、「我々と同じ考え方に染めてやる」というエネルギーがなかなか湧《わ》かなくなります。一気に布教を進めるためには、わかりやすい単一原理のほうが都合がいいわけです。

安部―日本に来たばかりの初期の宣教師は、自分たちのスタイルを頑固《がんこ》に守り通しました。彼らは食生活すら変えないのです。日本に来ているのに、ワインを飲んでお肉を食べる。肉用の牛を、わざわざ買ってきたりするのです。

佐藤―当時の日本には、牛や豚《ぶた》、羊の肉を食べる習慣はありませんでした。

安部―その日本人が宣教師たちの食生活を見ると「あいつらは肉を食べて血を飲んでいる」という不浄《ふじょう》観を抱くに決まっています。アレッサンドロ・ヴァリニャーノ[*17]（イエズス会の宣教師）は自分たちがそう見られていることに気づきました。そして「布教のやり方を根底から改めて、地域の人たちの生活に根ざした布教をしなければいけない」と、方針を変えていくのです。

佐藤―カトリック教会の中でもそういう変化は当然あったものの、ラテン語でミサをするといった本質的なところは変わりません。ミサを各国語で行うようになったのは、20世紀に入ってからです。ラテン語がわからない当時の日本人にとっては、ラテン語のミサは不思議な呪文《じゅもん》みたいに聴こえたでしょう。

「それでも世界に布教できた」のではなく、「それだから世界に布教できた」のです。神秘性は宗教が人を惹《ひ》きつける一つの要因ですからね。イスラム教の世界では、コーランの翻訳《ほんやく》はいまだに存在しません。神の言葉であるアラビア語は翻訳不能だからです。日本語のコーランも翻訳ではなく、解釈とされています。コーランをちゃんと読むためには、みんなアラビア語を学んで原文を読まなければいけないのです。だからアラビア語はフィリピンのミンダナオ島でも通用しますし、世界中のイスラム聖職者が共通言語として理解できます。

■キリスト教の世界布教と文化帝国主義

佐藤—本書第2章でも話題にのぼりましたが、戦国時代の日本ではキリスト教徒への大弾圧《だんあつ》が行われました。

安部—マーティン・スコセッシ監督の映画「沈黙—サイレンス—」（原題「Silence」）の描き方について、佐藤さんから疑義を提示していただきました。

佐藤—日本でこの映画が公開された翌年の2018年6月、「長崎と天草地方の潜伏《せんぷく》キリシタン関連遺産」がユネスコ（国連教育科学文化機関）の世界遺産に認定《にんてい》されました。水を差すようではありますが、プロテスタントの信者である私から見ると、あれを本当に世界遺産にしていいのかと思います。潜伏キリシタンの歴史を世界遺産に選ぶという発想の背景には、根深い西洋中心主義があると思うのです。

安部―同感です。

佐藤―どんな理由であれ、時の権力者が信仰者を処刑することは絶対に許されません。しかし、もしあのとき日本が鎖国という選択を採っていなければ、日本はポルトガルの植民地にされてしまった可能性が高いのです。

現に当時のイエズス会は、神社仏閣を徹底的に破壊《はかい》していました。そこまでのことをやらなければ、あそこまで嫌《きら》われないはずです。彼らは既存《きそん》宗教とも併存《へいぞん》できるような形で世界宣教をしていなかった。それで良かれと思って、悪気なくやっていたのでしょう。

安部―なにしろ十字軍を編制して、イスラム教徒を武力で追い出した人たちですからね。

佐藤―ええ。カトリック教会の世界宣教は、文化帝国主義と植民地帝国主義の両方が合わさっているのです。戦国時代の日本にも、一種の十字軍が到来《とうらい》しました。彼らは宗教だけでなく、日本人が知らない文明の利器をいろいろもっています。ですから当初、日本はイエズス会と融和《ゆうわ》的に接し、「キリシタン大名」も誕生しました。

安部―日本への布教を中心的に担《にな》ったのはイエズス会です。イエズス会の宣教師たちは、皆ものすごく優秀《ゆうしゅう》な人たちばかりでした。

佐藤―そうなのです。相手が必要とするものを、あらかじめ調査してもってきますからね。イエズス会の宣教のやり方は変幻《へんげん》自在です。たとえば中国の皇帝の前ではひざまずき、頭を床《ゆか》にすりつけて拝みます。ほかの修道会の連中は、そんな屈辱《くつじょく》的なことはしません。しかしイエズス会は「いや、構わない。本質的なところ以外は何でも妥協《だきょう》していいのだ」と考え、皇帝の前で頭を垂れるのです。

インドへ布教するときには、キリストが生まれたときの画はまるで描き方が変わります。王宮でバラモンの婦人がイエスを抱いている画なのです。カトリック教会が平凡社から出している『キリスト教史』という本にも、その画が出てきます。

安部―それは興味深い。

佐藤―どうしてかと言うと、「イエスは馬小屋で生まれた子どもだ」なんて言ったら、誰も教会に来てくれません。「なんだこれは。イエスはカーストがずいぶん低いのだな」と言われ、信者になんてなってくれないのです。

だからインドにおいては「それくらいの変更《へんこう》は構わないのだ」と柔軟《じゅうなん》に考え、カーストの上位から変幻自在に布教を進めていきました。自分たちの教えを広めることが中心にあり、細かい枝葉の部分は布教のために平気で改変していくのです。

安部―まさにヒエラルキー主義ですね。まず社会の中でいちばん上にいる人材を押さえ、そこからだんだん下へと降りていく。日本においてはキリシタン大名を押さえてから農民へと布教を進めていったものの、そのやり方がまずかったせいでキリスト教徒は大弾圧を受けることになりました。

戦国時代の状況を形成するうえで、イエズス会が大きく関わっていたことは間違いありません。普通一般《いっぱん》に考えられているよりも、はるかに影響力は大きかったはずです。

佐藤―私もそう思います。「キリシタン弾圧」という部分だけを一面的に取り上げて、現代の視点から「あまりにも非人道的ではないか」という言い方をするのは危険です。彼らがあそこまで弾圧をされたのは、そうなる理由がありました。

イデオロギー化したキリスト教が、初期の帝国主義を形成した。「このままでは我々はあいつらの帝国主義に呑《の》みこまれてしまう」と危機感を抱かれたから、イエズス会と信者たちは大弾圧されたのです。

■殿様と教会への二重忠誠

佐藤――スペインのイグナチオ・デ・ロヨラ[*18]やフランシスコ・ザビエルがイエズス会を創設したのは、くしくも織田信長が誕生した1534年です。大航海時代にイエズス会が立ち上げられて世界宣教が始まり、その時代に信長は生まれ育ちました。そしてイエズス会は、日本の寺院など中世的権威を否定していきます。

寺院といっても、政教が分離《ぶんり》されている今日のような寺院ではありません。石山本願寺にしても比叡山《ひえいざん》にしても、寺院は財力も政治力ももっていましたし、僧兵《そうへい》を組織化して軍事力を握《にぎ》っていました。バチカン[*19]がイエズス会という軍隊をもったのと一緒です。

対抗する宗教勢力同士がお互《たが》い軍事力をもっていると、必ず二重忠誠の問題が出てきます。「殿様に忠誠を誓《ちか》う」と口では言っていても、信仰においては別のところ（神様）に忠誠を誓っているわけですからね。武力をもつ教会組織から「やれ！」と言われたら、殿様への二重忠誠は崩れるに決まっています。宗教勢力も含めて天下統一するにあたって、戦国武将とキリスト教が衝突《しょうとつ》するのは当然です。

信長は、武力によって国内の宗教勢力を手なずけようとしました。徳川の時代になると、僧侶《そうりょ》の妻帯を認めたり檀家《だんか》制度を作ることによって、宗教勢力を制度の中に取りこんでしまいます。つまり宗教勢力の内側からエネルギーを崩しました。

ソフト面から変えていくのか、ハード面で強引《ごういん》に変えてしまうのか。結果としてやっていることは一緒です。信長は寺社勢力をハード面でグッと潰《つぶ》し、徳川幕府はソフト面から寺社勢力を崩していきました。

安部　補足して言いますと、鎌倉幕府体制も室町幕府体制も、武家の単一政権ではありません。朝廷と寺社と武家の合同政権なのです。主に武家は鎌倉時代以来の伝統にのっとり、農地と農民を支配する。寺社は境内《けいだい》で市を開く権利をもったり、座の本所となる権利をもって、経済的特権を山ほど握っていました。座とは、独占《どくせん》的に商品を生産・販売《はんばい》する商工業者の組合です。

この寺社に対する影響力を、朝廷が押さえていました。皇族や有力公家《くげ》が住職となることで、寺の格式を決定づける門跡《もんぜき》制度というものに、朝廷の影響力がはっきり現れています。朝廷勢力と寺社勢力は背中合わせになって経済の主要な部分を握り、朝廷・寺社・武家の三者の勢力が、それぞれ役割を分担して国を支配する体制でした。

ところが織田信長は「一国平均」の国作りを全国に及ぼそうとするのです。寺社の支配も朝廷の支配も許さず、どの地域も全部自分だけが支配する。すると朝廷も寺社も必要ありません。「武家がすべての権利を握って統治するのだ」という意味の「天下布武《ふぶ》」というスローガンもあります。

佐藤―信長の割り切り方はかなり近代的です。明治維新後になされた神仏分離とよく似ています。あのときは神道《しんとう》を再編して国家体制の中に取りこみ、それ以外の教派神道と分けました。寺からは軍事力はもとより、政治力を徹底的にそぎ落とす。精神的な支配力をも、宗教にはもたせない。

「これは日本臣民《しんみん》の慣習だ」という形で、明治政府は国家神道によって日本人の精神面を全部支配しようとしました。信長がやろうとしたのも、それと同じくらいドラスティックな社会改革だったのです。

第4章　天下統一への野望

信長が目指したのは律令制に基づく
中央集権国家だった、と考えると
「比叡山焼き討ち」「本能寺の変」などが
起こった理由の輪郭が浮かび上がってくる。
そして志半ばで斃れた信長の理想は秀吉に
引き継がれてゆく。

■信長の宗教観と天皇観

佐藤――安部先生は、織田信長はどんな宗教観を抱《いだ》いていたと推測されますか。思想・哲学に対して無機質な人物だったようにも見受けられますが。

安部――信長の先祖は、越前国《えちぜんのくに》の劔神社《つるぎ》（現・福井県丹生郡越前町《にゅうぐんえちぜんちょう》）で宮司《ぐうじ》（神官）を務めていた織田家です。おそらく神道《しんとう》に対するシンパシーはもっていたと思います。しかし朝廷《ちょうてい》や公家《くげ》が宗教と結びつき、既得《きとく》権益を占《し》めるのは許せない。そういう見方だったのではないでしょうか。

彼が比叡山《ひえいざん》を焼き討《う》ちしたときは、事前にちゃんと交渉《こうしょう》しています。「あなたたちが信仰《しんこう》を守るぶんにはいっこうに構わんのだ。ただし、信仰の力を利用して朝倉勢に味方したり、経済的な既得権益を得るのは認められない」。こういう言い方をして、最後通告を出しているのです。

佐藤――純粋《じゅんすい》に信仰すること自体は認めるが、そこに政治的な動きをからめるのは許さない。

安部――「保守勢力、体制擁護《ようご》派になるな」と言うわけです。よく「信長は無神論者だ」と言われますが、信仰そのものを否定したわけではありません。

佐藤――天皇に対してはどういう見方だったのでしょう。

安部—朝廷に対する敬意はもっていたと思いますよ。ただし「今のままの朝廷では駄目《だめ》だ」「天皇よ、あなたの存在は尊いものとして認めるけれども、今のように既得権益者に担《かつ》がれた存在でいるようではいけない。あなた自身が、新しい国作りの役に立つ存在になってくれなければ困る」。こういう考え方だったと思います。

その目論見《もくろみ》がなかなか手っ取り早く進まないので、彼は皇太子の息子《むすこ》を養子にしました。その息子をやがて皇位に就《つ》ければ、自分は天皇のお父さんという立場になる。その段階で太《だい》上《じょう》天皇（退位して皇位を後継者《こうけい》にゆずった天皇）と同等の地位を得ようとしていたのだと思います。養子を皇位に就け、その権威《けんい》を背景としつつ、信長は朝廷の上位に立って中央集権的な新しい制度を作ろうとしました。

佐藤—きわめて機能主義的な発想です。

安部—彼は「なぜ戦争が終わらないのだ。なぜ100年以上も、領主同士が争いを続けるのだ」と苛立《いらだ》っていました。戦争の根本原因は、土地の私有制にあります。自分の土地を私有して、土地の権益を主張して争うから、いつまで経《た》っても戦いはなくならない。争いをなくすためには、律令制《りつりょうせい》のころの公地《こうち》公民制に戻《もど》さなければならない。信長はそう考えていました。

佐藤—律令制に戻すためには、当然中心に天皇を置くことが必要です。

安部　太上天皇になって公地公民制への大改革を手っ取り早くやったあと、権威は天皇にお返しすればいい。そういう考え方だったのでしょう。

■信長が抱いたイエズス会植民地支配への怖れ

佐藤　信長には「戦国時代の血で血を洗う内乱を止めたい」という思いがあったと同時に、外圧を非常に強く意識していました。

安部　ええ。だから彼は、かなり早い時期からイエズス会と交流を始めています。ルイス・フロイスやオルガンティーノ[*1]（イタリア出身の宣教師）といった宣教師を呼んでいろいろ話を聞き、安土《あづち》城下にセミナリヨ（神学校）まで造りました。

そして「今世界はどうなっているのだ」と、貪欲《どんよく》に最新情報を仕入れるのです。その知識欲の裏には、当然「このままでは我が国はポルトガルの植民地にされる怖れがある」という危機感がありました。

佐藤　外圧に対する切羽詰《せっぱつ》まった危機意識は、明治維新《いしん》のころと似ていますね。

安部　僕はそっくりだと思っています。信長の改革は、まさに明治維新のような形を目指していたのではないでしょうか。

佐藤―歴史を見ていくと、関数体のように同じことを繰《く》り返《かえ》す法則性があります。ですからアナロジー（類似《るいじ》）で見ていくとわかりやすい。破天荒《はてんこう》のように見える信長の一連の政治外交には、危機意識に迫《せま》られた深刻な焦《あせ》りがありました。

■地続きの朝鮮半島と中国大陸の地政学

佐藤―さて、その信長の改革は結局成功したと言えるのでしょうか。

安部―本能寺の変（１５８２年）で本人が討《う》たれてしまったので、彼自身の手による改革は成功しませんでした。でも信長の思想は、豊臣秀吉にきちんと受《う》け継《つ》がれています。秀吉は全国の検地を行い、土地台帳を作りました。刀狩《かたなが》りを断行し、武士と農民との役割を完全に分けています。さらに国絵図（領地別の地図）を作り、天皇に献上《けんじょう》しました。

天皇の命令によって、中央政府の職員が国を治める。秀吉本人は関白に就き、中央集権政治の執行者《しっこう》となりました。

佐藤―関白とは、非常に古代的な制度の復活でした。天下の万機《ばんき》を「関《あずか》り白《もう》す」という意味があり、古くは平安時代の9世紀終わりに設置されています。天皇に決裁のおうかがいを立てる直前に、関白が一連の書類に目を通してゴーサインを出し、事実上の最高機関として政務を執行しました。

安部─秀吉が完成させた政治体制は、まさに律令制の復活なのです。信長が頭の中で構想していたことを、秀吉は現実に完成させました。ところがせっかくそこまで完成させたエネルギーは、朝鮮出兵という誤った方向へ向かってしまいます。これは明治維新のときの日本の対応とまったく類似性があるわけです。

佐藤─そこもとてもよく似ています。秀吉の場合は、初動段階で朝鮮出兵に挫折《ざせつ》し、大きな痛手を被《こうむ》りました。明治維新以降の日清《にっしん》戦争、日露《にちろ》戦争はいずれも日本が勝利したため、自分自身が外圧になるという流れはだいぶあとまで引っ張っています。秀吉は頭の中で「朝鮮半島を征圧《せいあつ》したあとは明《みん》まで征圧しよう」と考えていました。

安部─そうです。朝鮮出兵の本当のターゲットは、大陸に控《ひか》える明でした。

佐藤─我々が朝鮮半島の歴史を見るときに重要なのは、日本が朝鮮半島の国家と単独で戦争したことは一度もないという事実です。必ず朝鮮半島の国家プラス中国の連合軍と戦争をしている。朝鮮半島と日本が対立するときは、歴史から見ると日本と朝鮮との二国間関係の問題ではありません。

だから現在の日韓《にっかん》の対立も非常に危ないのです。韓国と対立するということは、同時に中国とも対立することになる。我々がその危《あや》うさにどれだけ気づいているか。

安部―日韓対立が深まれば深まるほど、韓国を中国側に押《お》しやってしまいます。そうなってしまうことは、地政学的に見てもはっきりしています。

佐藤―朝鮮半島が大陸からの影響《えいきょう》を受けるのは、地政学的な必然です。日本にいる我々がどう止めようと思っても、この流れは止められません。

安部―これでアメリカの力がガタンと落ちたとき、朝鮮半島にいったいどういう状況《じょうきょう》が生まれるのか。非常にスリリングな問題ですし、この地政学的変化に対応できる外交力、哲学が必要です。

佐藤―よほど価値観がちゃんとしていなければ、地政学的変化をとらえつつ日韓の対立をソフトランディングさせることはできません。

■琵琶湖の水運を握った者が経済を制する

安部―本能寺の変で討たれて中途《ちゅうと》で頓挫《とんざ》したとはいえ、信長がやろうとしていた改革は国全体をひっくり返すダイナミックなものでした。彼が構想していたのは「改革」というよりも「革命」だったと思います。国持《くにもち》大名として各地の統治に当たっていた重臣たちを廃《はい》し、有能な近親たちを中央政府づきの官僚《かんりょう》にしていこうというわけですから。

佐藤―それは律令制の復興であるとともに、新しい時代の幕開けでもありました。過去からモデルを採りながら、信長の視線は未来へと向かっていたのです。

安部―明治政府もまさにそうでした。

佐藤―既得権益をもっている保守的な人々は、信長の革命に抵抗《ていこう》しました。特に土地を奪《うば》われることは、地主にとってはきわめて深刻な話です。財産を接収されるよりも、もっと厳しい。土地をもっていれば、そこから永続的に富が生まれてきます。その土地を奪われて公地公民制を敷《し》くなんて動きには、すさまじい抵抗がありました。

安部―比叡山焼き討ちは、比叡山がもつ既得権益との戦いでした。比叡山は近江国《おうみ》（現・滋賀県）のうち、特に南近江に比叡山領をたくさんもっていたのです。そこには寺もいっぱいありました。信長の考えは「一国平均」ですから、比叡山が土地をたくさん所有して力をもつことは許せません。

信長にとってとりわけ重要なのは、琵琶湖水運の権利でした。琵琶湖水運の権利は、比叡山の支配を受けていた堅田《かただ》衆という堅田（琵琶湖南西部の現・大津《おおつ》市）の船乗りたちがもっていたのです。

佐藤―琵琶湖の地図を見るとよくわかりますが、南部で細い運河のようになっている堅田という地域を押さえているかどうかで、水運の利権は決定的でした。

安部―堅田衆はそこで港湾《こうわん》利用税、関税を徴収《ちょうしゅう》する絶大な権利をもっていたのです。信長は琵琶湖の水運を自ら支配するために、安土（現・滋賀県近江八幡《おうみはちまん》市）に安土城を造り、坂本城（現・滋賀県大津市）に明智光秀を置きました。さらに長浜《ながはま》城（現・滋賀県長浜市）に秀吉を置き、長浜城の対岸にある大溝《おおみぞ》城（現・滋賀県高島市）には、甥《おい》っ子の津田信澄《つだのぶずみ》＊2を置くのです。

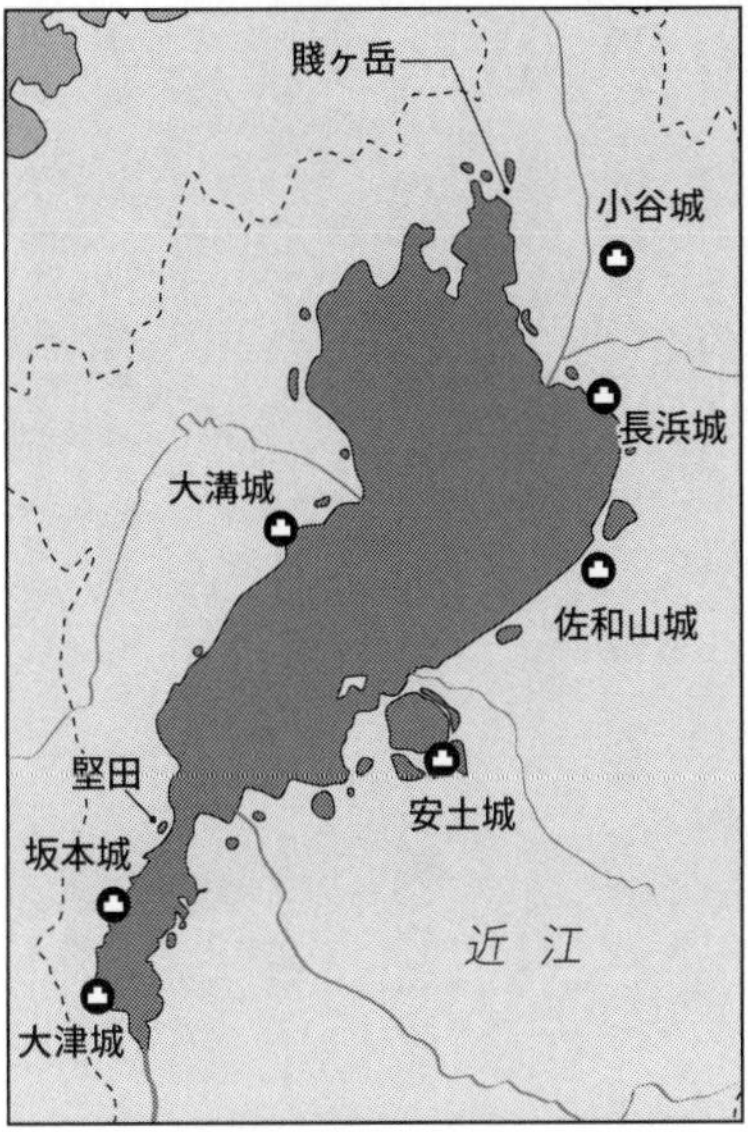

戦国時代の琵琶湖周辺

佐藤―なるほど。これで琵琶湖周辺を信長の手の者が包囲し、琵琶湖を押さえるネットワークが完全にできあがります。

安部―こうして彼は、琵琶湖の支配体制をがっちりと作り上げました。琵琶湖水運を押さえることが、経済的にどれだけ大きな利益を生むのか。そのことを信長はよくわかっていたのです。

佐藤―大きな琵琶湖を通せば、陸上から入ってくる物資を何でも行き来させることができますからね。伊勢湾《いせわん》や熱田《あつた》港から入ってくるものも、東方から入ってくる物資もすべて琵琶湖を通って流通していく。反対に若狭《わかさ》(福井県)あたりから入ってくる物資は、北側から琵琶湖を通って南へと流れていきます。その重要なネットワークを、信長は戦略的に押さえました。

■習近平の「一帯一路構想」と大東亜戦争

佐藤―私のように国際政治を見ている人間からすると、信長が進めた琵琶湖水運の統治は、現在中国が進めている「一帯一路構想」との比較《ひかく》対象にもなるのです。

安部―2013年3月、習近平《しゅうきんぺい》が胡錦濤《こきんとう》に替《か》わって中国の国家主席に就任しました。翌14年11月、習近平国家主席は「一帯一路」という経済圏《けん》構想を発表します。「一帯」とは中国の西側から中央アジア、ヨーロッパにかけての「シルクロード経済帯」、「一路」とは中国沿岸部から東南アジア、インド、中東からアフリカ東部までを結ぶ「21世紀海上シルクロード」です。

佐藤―「一帯一路」は陸路と海路の経済圏を同時に作る試《こころ》みです。これはかなり大変ではないでしょうか。風呂敷《ふろしき》がでかすぎて、中身を包みきれなくなる可能性があります。海洋戦略と大陸戦略を同時に進めようとしたのは、歴史上、大日本帝国くらいしかありません。その結果、風呂敷が破綻《はたん》してああいうひどい結果になりました。

「大日本帝国は海洋国家としてやっていくのだ」という戦略で大陸に進出しなければ、中国とはぶつからなかったはずです。逆に大海軍を作らず、陸軍だけで中国へガンガン攻《せ》めていれば、アメリカとぶつかることはありませんでした。陸路と海路を両方追求するという欲張りな戦略は、失敗する可能性がかなり高いのです。

安部―織田信長は国内の統一や琵琶湖水運などの権益を押さえることを優先し、外圧に対してこちらから先に武力行使しようとは考えませんでした。秀吉も天下統一して関白にまで就いたのだから、現体制を維持《いじ》して平和な社会を作っていけばいいのに、欲をかいて朝鮮半島に出兵して自滅《じめつ》した。秀吉は完全に判断を誤ってしまいました。

■キリシタン大名を利用した信長

佐藤―寺社仏閣が政治権力を握り、経済まで握《にぎ》っている。織田信長は、こうした状況が日本社会に及《およ》ぼす影響の怖《こわ》さをよくわかっていました。信長はルイス・フロイスやアレッサンドロ・ヴァリニャーノと交友し、イエズス会と融和《ゆうわ》的な関係を築いてはいたものの、どうもキリスト教を優遇《ゆうぐう》していたようには見えないのです。
「キリスト教は我々にとって非常に危険な宗教だ。ただし本願寺なんかと比べると、カウンターバランスとしてはちょうどいいくらいだろう」。そんなふうに突《つ》き放《はな》して見ていたのではないでしょうか。
次第《しだい》にキリスト教が力をつけすぎて、キリシタン大名が政治に容喙《ようかい》してくる。そうなると、信長としては「そのへんにしておけよ」と止めに入る。彼は本質的に国家主義者だったと思うのです。

安部――佐藤さんがおっしゃるとおりで、彼はキリスト教をうまく利用していました。信長はたいせつな理想、目標を達成するために、宗教を含《ふく》めすべてを「素材」として見ていたのではないでしょうか。それは敵だけではなく、味方に対してもそうです。
「こいつは素材としてはもう要《い》らなくなったな」と思ったら、それまで味方として仲良くしてきた人間であっても平気で追放してしまう。「こいつはどうもオレに反感を抱いている様子だ」と疑念を抱くと、無理難題を押しつけて本当の忠誠心を試《ため》すのです。

佐藤――徳川家康はその無理難題を耐《た》え抜《ぬ》き、追放されることなく信長の元に留《とど》まりました。

安部――家康は自分の正妻（築山殿《つきやまどの》）を殺し、息子の信康[*3]に切腹を命じて、信長への忠誠心を示しました。家族を次々と死なせる仕打ちにはたして耐えられるのか。それとも「この野《や》郎《ろう》」と暴発して挙兵するのか。信長は家康が挙兵した場合に備えて手を打ったうえで、ギリギリと追《お》い詰《つ》めるわけです。

本能寺の変は、「明智光秀の裏切り」と言われますが、本当は裏切りなんかじゃありません。信長に限界まで追い詰められた人間が、カウンターパンチを出そうとした挙兵だと思います。

佐藤― 裏返して言うと、それだけのことをやれる力が明智光秀にあったということですよね。

安部― そうです。会社の人事でも同じではないでしょうか。社長が力をもっている不都合な専務を除けば、その専務がもっている権益を全部自分が気に入った部下に与《あた》えられる。それはいちばん手っ取り早い組織改革ですし、人心掌握《しょうあく》術でもあります。

佐藤― ナンバー1は常にナンバー2が気になるものですよね。今の官邸《かんてい》を見ても、やっぱり総理は官房長官《かんぼうちょうかん》の動向が気になる。橋本龍太郎《りゅうたろう》*4総理は梶山静六《かじやませいろく》*5官房長官のことが気になって仕方なかった。そうしたら1998年に橋本総理が辞任した後の総裁選に梶山さんは出馬しちゃった。小渕恵三《おぶちけいぞう》*6総理も野中広務《ひろむ》*7官房長官のことがいつも気になっていた。ナンバー2というのは大変なのです。

安部― 信長から見て、明智光秀はまさにそのナンバー2でした。

■アジールとしての神社仏閣

安部―日本のお寺は、なぜ時の最高権力者から目の上のタンコブとして疎《うと》まれるほどの力をもったのでしょう。たとえ戦《いくさ》が起ころうがお寺は外部から攻めこまれず、内部に囲った経済的権益を安全に守れるからです。

佐藤―宗教施設《しせつ》はいつの時代もアジール（聖域）なのです。

安部―安全地帯として絶対攻めこませないために、お寺は相争う両軍にそれぞれオカネを払《はら》って「ここには攻《せ》め入《い》りませんよ」と約束させていました。これを禁制《きんせい》と呼びます。特権をなんとしても守るため、安全保障に多額のカネを積んでいたのです。

佐藤―『太平記』にはおもしろい話が出てきます。いざ戦に負けると、大名はその場であわてて髪《かみ》を剃《そ》っちゃうのです。にわかに僧侶《そうりょ》になって「私は出家した身だ」と抗弁《こうべん》しているのに、敵方が「ウソをつけ」と認めず首を斬《き》ってしまった。そんな話が『太平記』には出てきます。本当に頭を丸めて武士を辞め、仏門に入っているのであれば、現役《げんえき》の僧侶にはそうそう手を出せません。ひとたびアジールに逃《に》げこんでしまえば、首をはねられたり切腹を命じられる心配がないのです。

安部―だから武士はよく高野山に籠《こ》もるのです。アジールが安全地帯であることは、商人たちもよくわかっていました。町の人たちは、平時のうちにお寺にオカネや大事な宝物を預けるのです。すると寺は、町人から預かったオカネをカネ貸しに回して利ざやを稼《かせ》ぐ。それだけでなく、土倉《どそう》や酒蔵《さかぐら》にも手を出しています。

佐藤―土倉というのは、今で言う質屋さんですよね。

安部―カネ貸しであり、銀行の走りです。アジールであるがゆえに集まったオカネを、寺は効率的に運用していました。

佐藤―資本の蓄積《ちくせき》が始まると、それを増殖《ぞうしょく》したくなるのが人間の性《さが》です。室町《むろまち》時代には、土倉が圧倒《あっとう》的に強い力をもっていました。

安部―ええ。室町時代から急激に盛《さか》んになっていきました。みんなにとっての「お寺さん」は、銀行と商店の元締《もとじめ》なのです。神社も同じ機能を果たしていました。

佐藤―もっと言うと、神社仏閣は賭博《とばく》の元締でもあります。「富くじ」とか言って、宝くじで荒稼《あらかせ》ぎをしていました。「新しい仏像を造る」とかいう名目で宝くじを募集《ぼしゅう》してカネを集めて、実際に仏像にいくら使ったのかなんてよくわからない。決算書が出てくるわけでもありませんからね。

安部―アジールであるがゆえに、多少汚《きたな》い仕事も普通《ふつう》にできてしまう。「清濁併《せいだくあわ》せ呑《の》む」という感じでしょうか。

■信長が比叡山を焼き討ちした理由

安部―信長は多大な既得権益を持つ神社仏閣の体制を、暴力的にぶっ壊《こわ》そうとしました。自分は整然とした経済体制を敷こうとしているのに、横でそんなことをやられたら困ります。というよりも、放っておけばいずれ自分の敵になってしまうでしょう。

佐藤―通常そういった既得権益者は、権力者のところにオカネをもってきてすり寄ってきます。だいたいの権力者はそのオカネを喜んで使うわけですが、信長は頭がいいので「こいつは裏返るかもしれないな」と一手先を読む。「ならばこういう連中とは、ベッタリとはくっつかないほうがいい」。そうやって宗教者とうまく距離《きょり》を取っていきました。

信長が比叡山を討ったことは、思想的にすごく意味があります。比叡山は京都御所《ごしょ》から見て丑寅《うしとら》（北東）の方向です。

安部―丑寅は鬼門《きもん》です。

佐藤―比叡山は明らかに国家鎮護《ちんご》のための寺ですから、天台座主《てんだいざす》には慈円《じえん》*8のような皇族関係者をずっと就けてきました。寺社が国家を護《まも》ろうとすると、そこには必然的にイデオロギーがひもづいてくる。その残滓《ざんし》がずっとあったわけですが、信長にとってもはやイデオロギーなんて怖くもなんともない。

「比叡山を討てばこの国は崩壊《ほうかい》するんじゃないか」という形而上学的《けいじじょうがく》な恐怖《きょうふ》を、それまでの人たちはもっていたはずです。

信長は「それがナンボのもんだ。恐《おそ》るるに足らずだ。比叡山は腐敗《ふはい》している。僧兵《そうへい》どもは腐敗している。けしからん」と腹を立てていました。

「比叡山は京都御所から見て鬼門の方向にあって、国を支えている。ここを焼き討ちしたら国が壊れるはずだ」。こういう見方を「ただの迷信《めいしん》じゃねえか」と突き放し、比叡山が怖くなくなった。

安部―そういう意味では、信長の考え方は実に現代的です。

佐藤―彼はリアルに明の国力を見ていました。明だけでなく、彼の視野にはヨーロッパのポルトガルまで入ってきた。「明やポルトガルの国力を見ると、このまま従来どおりの発想でいればいずれ日本国家は崩壊してしまう」。そういう危機意識が非常に強かったと思うのです。

それだから、戦国武将同士が日本国内で争っている場合ではない。もしどこかのキリシタン大名が外国の勢力と結びついたら、日本は植民地になってしまう可能性がある。その危険を怖《おそ》れて、信長は改革を急いだのです。

■ イエズス会と蜜月を築いた信長の動機

安部―信長がなぜずっとイエズス会と仲良くやってきたのか。堺《さかい》の港で南蛮《なんばん》貿易をするためには、イエズス会の仲介《ちゅうかい》がなければどうしようもないからです。南蛮貿易ができなければ、貿易による利潤《りじゅん》を得られないし、戦に必要な軍事物資も入手できません。彼らと決裂《けつれつ》すれば、南蛮貿易の船が別の港に行ってしまう可能性があります。たとえば毛利氏が支配する周防《すおう》の港（山口県の周防大島）に入るようになれば大変です。

佐藤―そんなことになれば、今まで維持してきたパワーバランスが一気に崩《くず》れてしまいます。

安部―ええ。だから南蛮貿易の船を、なんとかして自分の陣営《じんえい》に引き留めておかなければならないのです。船を引き留めている間に天下統一を成《な》し遂《と》げ、自らが理想とする体制を作ろう。そういうロードマップを描《えが》いて彼は邁進《まいしん》していきました。

その信長がいつからイエズス会とギクシャクし始めたのでしょうか。これははっきり記録が残っていまして、天正9年（1581年）7月15日、盂蘭盆《うらぼん》の日です。アレッサンドロ・

ヴァリニャーノが2月末に京都に来て、それから安土のセミナリヨに滞在《たいざい》しました。そこから天正9年7月15日まで、信長とずっと外交交渉をしているのです。

交渉を終えてヴァリニャーノが帰ることになったとき、信長は安土城の瓦《かわら》に提灯《ちょうちん》をぶら下げて、クリスマスツリーみたいに夜空のページェント（野外劇）を描いてみせました。さらに安土城の屏風《びょうぶ》画をヴァリニャーノに渡して「ローマ教皇への土産《みやげ》に、もって帰ってくれ」と言うのです。

だけどもその直後、安土城内の摠見寺《そうけんじ》に自分を神として祀《まつ》らせて、家臣領民に「ここに参拝しろ」と命令しました。そのことをルイス・フロイスは『日本史』の中で、激烈《げきれつ》な調子で批判しています。

佐藤―それは偶像崇拝《ぐうぞうすうはい》そのものですから、イエズス会としてはとうてい容認《ようにん》できません。

安部―フロイスは「信長は思い上がって、自分が神になろうとした」と書いています。はたしてこの行動が、ただの思い上がりだったのでしょうか。実はそうではなくて、信長はイエズス会と手を切ったことをイベント的に広く告知したのだと思います。自分に従うのかイエズス会に従うのか、信長は家臣領民に厳しく迫りました。

佐藤―「お前らの立場をはっきりさせろ」と。

安部――一種の踏《ふ》み絵《え》です。そこから彼は、誰《だれ》が自分の敵か味方かを峻別《しゅんべつ》し始めました。

■信長がイエズス会と袂を分かった理由

安部――なぜ信長が、イエズス会と決定的に手を切ったのでしょう。これについては資料が少ないので、推測するほかありません。

ヴァリニャーノが初めて日本にやってきたのは、1579年のことです。その翌年の1580年1月、ポルトガル王室に跡継《あとつ》ぎ問題が起こったとき、スペイン王室のフェリペ2世が「自分も候補者の資格がある」と言ってポルトガル王室を乗っ取ってしまいました。

イエズス会はずっとポルトガルの支援《しえん》を受けてきた組織ですから、併合後《へいごう》はポルトガルではなく、スペインの指示に従わなければいけません。イエズス会は信長とスペインを取り持つ役割を果たしたわけです。ヴァリニャーノが1581年2月に上洛《じょうらく》したとき信長が馬揃《ぞろ》え（軍馬の検分とデモンストレーション）をやったのは、自分の力を見せつけて交渉を有利に運ぶためでした。

ところが、スペインの要求と信長側の要求の折り合いがつかなくなってしまいます。いちばんの問題は、明国出兵だったのではないでしょうか。スペインは信長に明国出兵を求めたものの、信長はそれを拒《こば》んだ。その瞬間《しゅんかん》「彼らの本音はここだ」と信長は明確にわかったのでしょう。「今の時点なら、まだイエズス会と手を切ってもなんとかやっていける」。彼はそう判断したのだと思います。

佐藤――フェリペ2世の存在は大きいです。なにしろ「フィリピン」という国名はフェリペ2世から名づけられているわけですから。スペインの言うことにそのまま従っていたら、日本がフィリピンみたいになっていた可能性は十分あります。

安部――ポルトガル併合に成功したスペインは「太陽の沈《しず》まぬ帝国」へと成長しました。彼らの最後の悲願は明国支配です。だけども彼らがもっているガレオン船では、兵隊をそんなに送れません。ガレオン船は一艘《そう》500人くらいしか乗れませんからね。100艘送っても5万人の兵力ですから、たかが知れています。

だからスペインとしては、大陸の近場にある日本の兵力を使って明を支配したかった。ヴァリニャーノがスペインのマニラ総督《そうとく》に送った手紙の中にも、こうした戦略をにおわせることが書いてあります。信長はその目論見を鋭敏《えいびん》に見破っていました。

■日本史を「if」で読み解いてみよう

安部―キリシタン大名は土地をイエズス会に寄進しています。特に顕著《けんちょ》なのが、日本初のキリシタン大名である大村純忠《すみただ》*9でした。彼は長崎と茂木《もぎ》という二つの港ごとイエズス会に寄進しました。その見返りに「南蛮船を寄港させてくれ」と頼《たの》んだのです。長崎が大きく発展したのは、大村純忠のおかげでした。

佐藤―ポルトガルにとっては、どこの港に寄港しようが別にどこでもいい。実入りの大きい港を選べば、それで良かったわけです。

安部―貿易による経済的利益を得るだけでなく、大村純忠はイエズス会から軍事的支援まで受けていました。本人が意識しているかどうかはともかく、完全に彼らのペースに巻きこまれていて、もう一息でポルトガルとイエズス会の手先になるところまでいっていたのです。

佐藤―ポルトガルの成功体験は、ゴア（インド西岸の州）でもマカオでもあります。彼らにとっては、いつもの調子、いつもの感じでやっていただけでしょう。これは明治維新のときの構図とは違《ちが》います。

明治維新のときにはフランスに「幕府をサポートしよう」と言われても、幕府はフランスにはつきませんでした。もしあのときフランスの支援を全面的に受けていたら、たぶん日本全土が英仏《えいふつ》代理戦争に巻きこまれていたでしょう。

安部―意外と、戦国時代の教訓がうまく生かされたのかもしれません。江戸《えど》幕府の官僚たちが考えていることは、江戸時代の265年間を通じて一緒《いっしょ》ですから。

佐藤―徳川慶喜《よしのぶ》*10は偉《えら》かったのです。彼はたぶん「大政奉還《たいせいほうかん》は一時的なことだ。政権はまた近く我々の元に戻ってくるだろう」くらいに思っていたのでしょう。いずれにせよ、幕府側はなかなかいい負け方をしたのです。

　明治政府は朝廷（公家）や幕府の人間を華族《かぞく》（貴族）として登用し、旧大名一派を体制内に取りこみました。明治政府は権力吸収をとても上手にやったのです。一歩間違《まちが》えれば、あれだって内乱になる可能性があったと思います。

　これは戦国時代を通じて言えることでもありますが、かつて敵だった者でも、戦に勝って権力を握った側がけっこう登用するのです。そうすれば事が穏便《おんびん》に収まり、内乱が発生しなくなる。榎本武揚《えのもとたけあき》*11のような人物を政権の内側で登用するのは、社会を安定させるための智慧《ちえ》なのです。

安部―新撰組の斎藤一《はじめ》*12なんかもそうでしたね。薩長《さっちょう》（薩摩《さつま》藩と長州《ちょうしゅう》藩）にあまりにも人材がいなかったせいでもありますが。

佐藤― 薩長の側も、自分たちの内側に人材がいないことをよくわかっていました。

安部― 昌平黌《しょうへいこう》（江戸幕府直轄《ちょっかつ》の学問所）で万般《ばんぱん》の学問を学んできた人たちと、長州藩の松下《しょうか》村塾《そんじゅく》で学んできた人たちとでは、知的レベルにはだいぶ差があったと思います。

先ほど触《ふ》れた大村純忠以外には、大友宗麟《おおともそうりん》*13も大分市内に教会や病院、宿舎用の土地を寄進しました。毛利輝元《もうりてるもと》*14も黒田如水《くろだじょすい》*15（官兵衛《かんべえ》）から言われて、秀吉軍が九州征伐《せいばつ》するときに毛利領内に教会を建てて寄進しています。彼らは先を争うように、有利な地位を占めようとしました。ただし秀吉は、九州征伐後に「バテレン追放令」を出します（1587年）。

佐藤― イエズス会による宣教を禁止する命令ですね。

安部― 追放令の条文の中には「日本は神国である」「彼らは日本を支配するためにやってきた。だから追放しなければいけないのだ」といった警告文《けいこくぶん》がちゃんと書いてあります。秀吉には、日本が置かれている危機的状況がよく見えていました。

「バテレン追放令」については、後ほど第6章で詳《くわ》しく読み解いていきましょう。

第5章　織田信長「時代に呼ばれていた男」

信長がイエズス会との関係を拒絶して
いなければ日本は植民地化されていた。
そして、律令国家実現のために自らが
太上天皇になろうとした信長――。
「時代に呼ばれていた男」は、
現代、そして未来でも繰り返し生まれてくる。

■ 天正少年使節団にローマ教皇が謁見した深い意味

佐藤― イエズス会にとって、あくまでも日本は辺境の小国でした。彼らがにらんでいた本命は、日本ではなく中国です。こうした姿勢は、スペインやポルトガルのみならずヨーロッパ諸国に一貫《いっかん》しています。

もし織田信長の存在がなければ、日本史は大きく変わっていたでしょう。イエズス会との関係をきっぱり断って拒絶《きょぜつ》しなければ、日本は植民地化されていたはずです。野放図にキリスト教、特にカトリシズムを受け入れてきた国は、現にフィリピンをはじめみんな植民地化されています。

安部― なにしろカトリック教会の布教組織は、十字軍という軍隊組織です。上から出された命令には、信者全員が従う体制ができています。洗礼親と洗礼子は強固な主従関係で結ばれていますから、洗礼子をネズミ算式に増やしていけばいい。

当時日本にはキリシタンが約30万人いたと推定されています。あるいは70万人という説もあります。そのうちの3分の1が戦闘《せんとう》要員になれば、日本だけで少なくとも10万人の兵隊がすぐ集まる状況《じょうきょう》だったのです。

佐藤―しかも傭兵《ようへい》集団と違《ちが》って、彼らは命を失うことを怖《おそ》れません。傭兵は戦《いくさ》に負けそうになったら、平気でスタコラ逃《に》げちゃいます。こうしたことを考えるに、私たちは天正少年使節団について深刻にとらえなければいけないと思うのです。

安部―天正10年（1582年）、九州のキリシタン大名が少年をヨーロッパに送りました。

佐藤―天正少年使節が日本からヨーロッパまではるばる出かけ、ローマ教皇が謁見《えっけん》に応じました。そこまでやった結果、カトリック教会がいかに「イケる」と確信したか。「よし。日本に我々の教えをもっていけるぞ」「我々にここまで完全に忠誠を誓《ちか》う若者が日本でも出てきている。日本統治はできるぞ」と確信したに違いありません。

スペインがポルトガルを併合《へいごう》する混乱があったから（1580年）、まだ良かったのだと思います。ポルトガルの体制が完全に残ったままグイグイ来られたら、日本はもっと危なかったはずです。

安部―しかもオランダとイギリスも追い上げてくるわけです。

佐藤―オランダはスペインとポルトガルの危険性を日本に徹底《てってい》して伝え、長崎の出島へ出入りを許されました。「我々はプロテスタンティズムの布教はしませんよ」と約束し、貿易や学術交流によって日本に入りこんでいったのです。

■「Windows」と「アイコン」とキリスト教神学

佐藤― 遠藤周作《しゅうさく》の『沈黙』では、踏《ふ》み絵《え》を拒《こば》んで凄惨《せいさん》な拷問《ごうもん》を受けて殺されるカトリック信者の物語が描《えが》かれます。神学を専門とする私から見ると、なんであんなにかたくなに踏み絵を拒んだのか理解できません。

安部― 神学の観点から見ると、踏み絵に罪はないのですか。

佐藤― ええ。あれは踏んでも構いません。カトリック教会の指導が完全におかしいのです。仏教では仏像なり曼荼羅《まんだら》といった御本尊が、拝む対象になりますよね。仏像の中に仏典が納められていたりもします。

キリスト教の場合、そもそも神を描くことはできません。ですから、物体としての像なり画があったとしても、それは「窓」なのです。神は「窓」の背後にいらっしゃる存在である。ですから信心が崩《くず》れないのであれば、「窓」を踏もうが何しようが関係ありません。あれはカトリック教会の指導がおかしいのです。

東方においては8世紀、西方においては16世紀にイコノクラスム（偶像破壊《ぐうぞうはかい》運動）の大論争が起きました。「神の姿は描けない。こんな画を描いたり拝むのは偶像崇拝《すうはい》ではないか」

という議論が巻き起こったとき、画や像を作っている人は「いや、そうじゃない。これは窓なのです」という論陣《ろんじん》を張りました。

ついでに申し上げると、ビル・ゲイツが作ったWindowsを立ち上げると「アイコン」が出てくるでしょ。「アイコン」とは「イコン（聖画像）」の「icon」です。あのアイコンを押《お》すと、後ろの姿が見えてくる。Windowsを立ち上げて窓を開くと、後ろから像が出てくるモデルなのです。「Windows」「icon」という名前のつけ方は、ものすごく伝統的な神学的な考え方に基《もと》づいています。

安部―それはおもしろい。ビル・ゲイツのイノベーションには、キリスト教文化が色濃《いろこ》く投《とう》影《えい》されていたわけだ。

佐藤―画や像はあくまでも「窓」だから、「窓」そのものを拝んだら偶像崇拝になってしまいます。なのに「踏み絵を踏むことが自分の信仰《しんこう》に関わる」と思っているということは、日本で弾圧《だんあつ》を受けていたカトリック教会の信者が偶像崇拝にとらわれていた証《あかし》です。イエス・キリストやマリアが描かれた像なんて、別に踏んでも構わないのに。

「聖書のテキストは絶対だ」と言う文献学者《ぶんけんがくしゃ》も、テキストが偶像と化している可能性があります。自分たちは「学問として立派な神学ができている」と思っているのかもしれませんが、テキストが偶像になってしまってはいけない。テキストと神学の背後にある神こそ、最も目を向けなければいけない存在なのです。

くどいようですが、当時のカトリック教会の指導はあまりにもおかしい。神学的に完全に間違《まちが》った指導です。イエス・キリストやマリアの像はあくまでも「窓」（Windows）でしかない。パソコンでWindowsを立ち上げてから重要なのは、アイコンではありません。アイコンの後ろにあるコンテンツなのです。

■弾圧されたキリシタンは踏み絵を踏んで生き残れば良かった

安部―戦国時代にカトリック教会の宣教師が「踏み絵は踏んでもいいんですよ。心の中で転向さえしなければ、それで信仰は貫《つらぬ》かれているのです」と指導してあげれば、命が助かった人たちがいっぱいいたのですね。

佐藤―そう思います。カトリック教会の指導が間違っていたのです。たしかオランダで商売をしていたプロテスタントの商人たちは、長崎の出島で踏み絵を踏まされていたと思います。

安部―プロテスタントの側では「もし踏み絵を踏めと言われる局面があれば、そのときは踏んでも全然問題ない。安心しなさい」という指導が行《い》き渡《わた》っていた。

佐藤―決死の思いで踏み絵をしていたイエズス会の門下は「これは信仰者である自分にとって死活的に重要な局面だ」と信じているのですが、その認識《にんしき》は間違いなのです。こんなことでキリスト教の信仰の正否は判断できません。踏み絵なんかを防衛線にしてはいけないのです。

彼らはいかにも仏教的なとらえ方をしていました。仏教の世界では「御本尊である仏像＝仏」とか「仏像の中にお経《きょう》がある」と考えます。御本尊を踏むとなったら、それはとんでもない話ですよね。でもキリスト教徒にとって、御本尊は「窓」の向こうの見えないところにいる。だからイエス・キリストやマリアの像は「御本尊を包んでいた紙」くらいな感じなのです。その紙を踏むのはなんだか抵抗《ていこう》があるんだけど、踏んだって構わないし、捨ててしまったってバチは当たらない。

安部―天動説に替《か》わって地動説が出てくると、「神は天にいる」という言い方に論理的矛盾《むじゅん》が生じてきました。そこから「神は天ではなく心の中にいるのだ」という考え方に変わっていきます。そのことが当時のローマ・カトリック教会、イエズス会に与《あた》えた影響《えいきょう》はあるのでしょうか。

佐藤―イエズス会にはあまり影響を与えなかったと思います。一種の二元論的なパラレルワールドみたいな感じで「それはそれ、これはこれ」という割り切り方をしたのでしょう。カトリック教会は近代的に「心の中に神がいる」ということにはせず、あくまでも「神は上にいる」「限られた知にすぎない科学でわかる話ではない。つべこべ言わずに信じろ」という形で押《お》し通《とお》しました。

すると生態系に関しては「神様が創った秩序《ちつじょ》だからいじってはいけないのだ」という考え方になっていきます。だからカトリック教会は、エコロジーに関してはとても強い。たとえば原発には絶対反対なのです。どうしてかというと、神様はプルトニウムなんて作っていません。そういう天然界にない元素を、人間が勝手に作るのは駄目《だめ》だと言うのです。

考え方がプレモダン（前近代的）だから、モダン（近代的）の危機においてカトリック教会はとても強い。プレモダンがポストモダン（脱近代的）につながるのです。その点プロテスタンティズムは近代をうまく接収したため、近代の危機とともにバラバラになっていきました。

■帝国主義者であると無自覚だったカトリック教会

佐藤──いずれにせよ、当時のカトリック教会の指導を神学の専門家の目から考えると、おかしいことが相当多いのです。まずポルトガルやスペインの帝国主義と、自分たちの宣教が一体化してしまいました。

イギリスの場合、自分たちが帝国主義を進めていると気づいているので、やることに歩留《ぶど》まりがあるのです。ところがカトリック教会は自分たちが帝国主義を進めていると気づいていないどころか、「絶対に正しいことをやっている」と信じています。ですから帝国主義的拡大において、歩留まりがありません。

この点は大日本帝国と似ています。かつての日本は「大日本帝国はアジアを解放しているのだ」と本気で信じていました。「しかし我々にはまだそれほど力がない。お前たちを解放するために植民地にする。そして共にアジア解放のために戦うのだ。今は植民地支配に耐《た》えろ」。こういうパターナリズム（強い立場の者が弱い立場の者を無理やり従わせる家父長主義）の論理だったのです。

安部―要するに「今日本がやっていることは緊急外科《きんきゅうげか》手術のようなものだ。痛みが伴《ともな》うように思えるかもしれないが、長い目で見れば、この手術はお前たちにとって必要だということがわかるであろう」という論理ですね。

佐藤―そうです。だから植民地支配に歩留まりがなくなってしまうのです。イギリスには「オレたちは悪いことをやっている」という自覚があったから「そこそこにしておかないとヤバイぞ」と歩留まりが働きます。だからインドで起きたセポイの反乱でも、完全にはやっつけませんでした。

安部―　１８５７年、インドにあったイギリス東インド会社の傭兵が反乱を起こしました。現地在住の農民らも含《ふく》めて反乱は広がりますが、2年後には鎮圧《ちんあつ》されます。

佐藤―　最後のところでは傭兵側の名誉《めいよ》を残しながら、和睦《わぼく》する。そのあと「どうだ。アロー号戦争（第2次アヘン戦争）があるんだけど行ってくれないか」と声をかけて、かつて戦ったセポイ兵を味方として雇《やと》い、アロー号戦争を戦いました。

　イギリスは自分たちが悪事を働いていることをよくわかっているから、ある程度のところで歩留まりが働くのです。だからインド植民地には最後まで固執《こしつ》することなく、植民地は手放してしまう。香港だってイギリスに完全に併合せず、99年間の租借《そしゃく》に留《とど》める。租借から99年経《た》ったら、１９９７年に中国に香港を返還《へんかん》しました。

安部―　イギリスと比較《ひかく》すると、スペイン・ポルトガルの帝国主義的拡大には遠慮《えんりょ》がありませんでした。

佐藤―　あそこまで対決的に布教を進めたら、その国の既存《きそん》宗教と共存できなくなるに決まっています。彼らは「プロテスタントを絶滅《ぜつめつ》させろ」とか「レコンキスタ（再征服）でイスラム教徒を根こそぎにしろ」とやってきました。力によって普遍性《ふへん》を実現しようとする。「力による普遍主義」に基づく指導は、勢い教条的、攻撃《こうげき》的になります。

なおかつ信仰の本質に関する神学的な研究を怠《おこた》って、日本で布教しやすいからといって「これを拝めば救われる」みたいに拝み屋みたいな感じで宣教してしまう。すると弾圧されたときに柔軟《じゅうなん》な対応が取れなくなってしまいます。「踏み絵を踏め」と迫《せま》られるまで「このキリスト像を拝め」なんて布教をしていたわけですからね。

最初の指導の段階で「あなたたちはこの像を御本尊として拝んでいるわけではない。この像の背景にあるところの神様は、人間の力では現せないのです」と丁寧《ていねい》に指導しておけば良かったのです。

■異端者マルキオンが編纂した聖書第1号

佐藤　ちなみに聖書を最初に作ったのは、2世紀に活動したマルキオンという異端派の神学者です。彼はユダヤ教と旧約聖書を否定し、「ルカによる福音書《ふくいん》」の一部と「パウロ書簡」の一部で聖書を作りました。「ユダヤ教のヤーヴェという神は悪神だ。この神が悪を作った。

本当の神様は別にいる」と言って「これを読め」と我流《がりゅう》の聖書を広めたのです。この動きを見て「まずい」とあわてた教会側が、対抗《たいこう》するために自分たちも聖書を作りました。

ヨハネとマルキオンを描いたイコンが残っていまして、彼の後ろには後光が差していません。これは「こいつがもっている聖書はインチキなのだ」という意味を示しています。横にいるヨハネは聖霊《せいれい》に満たされていて、こちらは異端ではなく正しい正統派だから、後光が光輪として差しこんでいる。そういうイコンが残っています。

おかしな教義を唱える異端が出てくれば、きちんと是正《ぜせい》して信者が戸惑《とまど》わないようにする。神学的に間違った信仰の実践《じっせん》があれば、指導者が修正をかける。幹部はそのように指導しなければいけません。

いちばん危険な状況が訪《おとず》れたとき、自分たちの信仰共同体と信者を護《まも》るために、生き死にまでかけるべきなのかどうか。踏み絵とは、キリスト教の信仰にとって非本質的な部分です。そういう非本質的なところでがんばってはいけません。

安部― 特攻隊《とっこうたい》になった人たち、日本の戦争で亡《な》くなった人たちも同じです。間違った思想と指導、命令によって多くの人が亡くなっていきました。

佐藤― 指導が誤っていると、人を無駄死《むだじ》にさせることになります。だから指導は非常に重要なのです。我々プロテスタント信者がカトリック教会の当時のやり方を見ると、戦国時代の布教はとても容認《ようにん》できません。だから「殉教は大変だった」というシンパシーは感じないし、殉教がらみの長崎の遺跡《いせき》が世界遺産に認定《にんてい》されたからといって、諸手《もろて》を挙げて喜ぶわけにはいかないのです。私なんかは「イエズス会の幹部たちの指導は、宗教団体として正しかったのかどうか」という点を今からでも問いかけたくなりますよ。

安部―そういう意味でも、イエズス会というのはいびつな組織であったことは間違いなさそうです。

佐藤―私はプロテスタントの信者ですから、カトリック教会が当時ヨーロッパで何をやっていたかよく知っています。一口にキリスト教と言っても、一律では論じられません。カトリックとプロテスタントの布教のやり方は全然違う。安部先生は日本の歴史に深く入っていらっしゃるから、私のような神学者でなくてもイエズス会の本質がよく見通せるのです。

■本能寺の変「光秀怨恨説」は正しい史観なのか

安部―1582年、本能寺の変によって織田信長が死去しました。本能寺の変はとかく「光秀怨恨《えんこん》説」によって語られ、お茶を濁《にご》されます。こうした見方は不十分だと僕は思うのです。

佐藤―どういうことですか。

安部―スペイン・ポルトガルは当時いったいどういう国であったのか。彼らからもたらされる外圧はどれほど強かったのか。本国の意を受けたイエズス会はどういう役割を果たしていたのか。それに対して日本の大名、為政者《いせいしゃ》はどう対応したのか。ここが戦国時代を見るときのいちばん重要なポイントなのです。

ところが今までその視点がそっくり抜《ぬ》け落《お》ちたまま、本能寺の変は語られてきました。こういう時代背景を後ろに備えていた信長が、何をしようとしたのか。そこに思いを馳《は》せると、なぜ本能寺の変が起こらなければいけなかったのかが見えてくるのです。本能寺の変は「光秀怨恨説」という史観ではとても語れません。

佐藤―人間って愚《おろ》かなもので、自分の家の中でガチャガチャしているのも困るし、家の外から大きな脅威《きょうい》がやってくるのも困ります。家の外で大きな脅威が起こると、ガチャガチャしていた家の中が急に団結してまとまったりするものです。会社にしても社内で内部抗争《こうそう》が渦《うず》巻《ま》いているのに、強力なライバルが現れて「ウチの会社が危ない」「潰《つぶ》れそうだ」となると、急にまとまったりします。

国も同じでして、「地球温暖化は地球上の生態系にとっての危機だ」「核兵器《かくへいき》が人類の存続を脅《おびや》かす」といった意識があれば人類はまとまれるはずです。外から宇宙人が攻《せ》めてこなくても、それに匹敵《ひってき》するまずい状況があれば、みんなで力を合わせることができるでしょう。なぜ本能寺の変を経て、世の中が天下統一でまとまっていったのか。「内乱にエネルギーを注いでいる場合ではない。今は外部から大きな危機が迫っているのだ」という意識でまとまったからこそ、天下統一は成《な》し遂《と》げられました。

■明治維新と復古維新思想

安部─発想の最先端《さいせんたん》にいるのか、中ほどにいるのか、いちばん後ろにいるのかによって行動は異なってきます。天下統一でまとまった先の国家はどうあるべきなのか。発想の最先端を走っていた信長は、律令制《りつりょうせい》を復活させようとしました。

佐藤─時代の最先端を走っているのに、周囲からアナクロニズム（時代錯誤《さくご》）だと思われる選択をしてしまった。

安部─その意味では、明治維新もアナクロニズムです。こういう局面は、繰《く》り返《かえ》し日本史に訪れてきます。

佐藤─復古維新思想だから時間の経過とともに下降しちゃうのですよね。初心から離《はな》れて世の中がだんだん悪くなっていったから、元に戻《もど》そうとした。

安部―律令制の中心には、天皇がいなければ成り立ちません。だけども今の朝廷《ちょうてい》には、天下をまとめ上げるだけの力はない。天皇の言うことをみんなが聞いてくれない。だから信長は安土《あづち》城の中に清涼殿（天皇の居住地）とそっくりの御殿を造って天皇を移徙《わたまし》させようとしたり、誠仁《さねひと》親王*1の息子《むすこ》を養子にして、やがて天皇にしようと工作しました。

佐藤―前にもこの対談で話題にのぼりましたが、そうなれば父親である信長が太上《だいじょう》天皇に就任し、律令制のもとで改革を強烈《きょうれつ》に推《お》し進《すす》めることができます。

安部―こうした世界観を人々が許せるのかどうか。足利《あしかが》幕府に系譜《けいふ》をもつ古い世代の武家は「天皇・将軍・我々という価値観の中にいたほうがいいよね」と思います。そこで、信長の動きを押し留める反革命の動きが始まりました。朝廷と幕府の中心にいる人たちが明智光秀を動かして、信長を討《う》たせる。信長を討たせたあとに足利義昭《よしあき》*2が上洛《じょうらく》して、室町《むろまち》幕府体制をもう一回再建すればいい。

佐藤―なるほど。その意味においては、信長よりも明智光秀のほうが、ほかの大名たちから支持を得る可能性は圧倒《あっとう》的に高かった。

安部―そう思います。伝統的武士にとって、領地を奪《うば》われて公地《こうち》公民化されたり、武家が官《かん》僚《りょう》化してはたまりません。ましてや天皇を超《こ》えるなんて国民がやっちゃいかんことだと思う。天皇を中心にして将軍がいて、その下に大名が控《ひか》えている。こういう体制が、彼らにとっていちばん居心地《いごこち》がいいのです。鎌倉《かまくら》時代も室町時代もそうでした。

やがて「律令制を無理やり復活したら世の中がメチャクチャになる」と歴史から学んだ江《え》戸《ど》幕府も、室町幕府のような体制を採っていくわけです。

■光秀と秀吉　それぞれの信長観

安部―足利幕府の将軍は、何度も都から追放されて逼塞《ひっそく》しました。なのにその都度いろいろなところに頼《たよ》って、やがて再び復活します。足利幕府の復活は、ほかの大名にとっては見慣れた風景でした。

佐藤―たしかにそうですね。「またか」という感じだったのでしょう。

安部―「そうだ。足利を使えばいいじゃないか」という話になっていく。鞆《とも》の浦《うら》（現・広島県福山市）に足利義昭がいて、毛利輝元《もうりてるもと》は副将軍になっている。それに島津氏も従い、長宗我《ちょうそか》部元親《べもとちか》＊3まで従うとなると「信長は天下統一目前だった」とはとても言えません。

佐藤―周辺状況を見ると、信長がやろうとしていた革命はいつでもひっくり返せるわけですからね。

安部―信長の安土政権と足利義昭の鞆の浦政権は、ほぼ勢力が拮抗《きっこう》していました。しかも信長はイエズス会とスペインを手放しましたから、状況としては西側の大名のほうが圧倒的に有利な状況が生まれたのです。こうした状況下で、明智光秀は考えた。このまま信長についていっていいのかと。

佐藤―だから昔の古い主人の元に戻った。

安部―明智光秀が信長に従うようになったのは、永禄《えいろく》11年（1568年）から14年間です。光秀の生年は諸説ありまして、没年《ぼつねん》（1582年）には55歳説と67歳説があります。55歳で亡くなったとすると、彼は41歳のときから信長に従うようになった計算です。昔の41歳といったら、今で言う50歳過ぎでしょう。自分の世界観がすでにできあがっている段階で、初めて信長と出会ったわけです。

佐藤―明智光秀が55歳で死んだとすると、信長に仕えていたのは55分の14でしかありません。影響力はそれほど大きくはない。秀吉の場合は違います。秀吉はたしか10代のころから信長に仕えていたんじゃないですか。

安部―秀吉は1536年生まれ、信長に仕えるようになったのは1554年ですから18歳です。

佐藤―下足番として御主人様を待っているとき、信長の草履《ぞうり》を自分のフトコロの中で温めていたという有名なエピソードがあります。その信長が死んだ本能寺の変は１５８２年、秀吉は46歳だから、28年間仕えていた計算です。46分の28ですから、明智光秀とは比率が全然違います。信長と一緒《いっしょ》に濃厚《のうこう》な時間を28年間も過ごしてきたわけですから、秀吉の人生に与えた信長の影響ははるかに大きいのです。

■他とは異なっていた信長のOS

安部―光秀は信長に見込まれてヨソから突然《とつぜん》ヘッドハンティングされ、トントン拍子《ひょうし》に出世して副社長まで抜擢《ばってき》されたようなものです。でも光秀は、秀吉と比べたら信長から受けた影響は多くはなかった。

佐藤―いずれにせよ信長と秀吉はとてもウマが合いました。でもコンピュータで言うと、信長と周囲の武将とはOS（オペレーティング・システム）が異なるのです。自分と親分だけがMac、ほかの人たちはWindowsのパソコンを使って仕事をしていたら、不適合を起こしてしまいます。ワードとかエクセルといった共通ソフトは動きますが、一部のソフトは動きません。あるいは動いても誤動作を起こします。

親分が使っている律令制というアプリを大名たちのWindowsに入れても、全然起動しない。まともに動きもしない。ところが秀吉のパソコンでは、アプリがすべて起動しちゃうのです。

安部― 信長とOSが一緒ですからね。

佐藤― OSを別の言葉で言い換《か》えると、価値観です。現象面の事柄《ことがら》についてはだいたい話を合わせることができるんだけど、本質的な事柄となると、基本的価値観が異なるからどうしてもついていけない。

安部― なのに信長は大名たちの基本的価値観にまで踏みこんで、太上天皇になろうとしました。「信長にこのまま従っていれば、この先自分にどういう運命が待っているのか。延々と戦いを続けて傷を被《こうむ》り、必要なくなったらリストラされちゃうかもしれないよな」と不安になります。

佐藤― 永田町や霞《かすみ》が関《せき》ではよくある話です。首相や大臣から「ご苦労」と言われ、突然お役御免《ごめん》になっちゃう。

安部― 信長の元では、すでに次の世代の有能な官僚人材が目白押《めじろお》しで育っていましたからね。

佐藤― しかも秀吉のように、底辺から来た人間も登用しているわけです。

■現代まで生き残った史上最強大名・毛利氏

安部―本能寺の変が、なぜ１５８２年6月のあの日に起きたのか。このタイミングには理由があります。信長は京都に上洛して、まずは将軍になろうとしました。足利義昭を無力化するためです。自分が朝廷から将軍に任命されれば、足利義昭は大義名分を失います。足利義昭としては、それをやられる前に信長を殺さなければいけませんでした。

佐藤―征夷大将軍《せいいたいしょうぐん》は、時の世でいちばん強い者が命じられます。弱い足利将軍なんて、外敵に対抗する機能を果たせません。朝廷としては、信長を征夷大将軍に命じることに何の問題もなかったのです。

安部―本能寺の変が起きた結果、なぜか毛利氏がいちばん得をしました。この経緯《けいい》がおもしろいのです。「毛利は本能寺の変が起こることをまったく知らなかった」。あるいは「知らないまま秀吉にせかされて和睦した」という説が一般《いっぱん》的じゃないですか。ところが『徳川実紀』の記録を読むと、秀吉が毛利側の安国寺恵瓊《えけい》＊4と交渉《こうしょう》するときに、信長が討たれたことをすべて毛利側に話したと記されているのです。

こうして秀吉は毛利と同盟を結び、旗30流と鉄砲《てっぽう》５００丁を毛利から借りました。しかも毛利から人質《ひとじち》まで取って大返し（明智光秀を撃破《げきは》するための戦）に出かけたと書いてあります。『徳川実紀』は徳川幕府の公式記録であり史書ですから、いい加減なことは書いていません。相当根拠《こんきょ》のある資料を集めているはずです。毛利は今何が起きているのかを知ったうえで、足利義昭から秀吉にくら替《が》えした。「足利義昭の計画はもう破綻《はたん》している。このまま義昭についていったら毛利家はもたない」と判断したのです。

毛利にくら替えを決断させた最大の理由は何か。イエズス会とスペインが秀吉の後ろについていたからです。キリシタン大名だった黒田官兵衛《かんべえ》によって、そういう周到《しゅうとう》な計略ができあがっていました。

佐藤　毛利は本当にうまいことやりましたよね。大きな決断をしていなければ、あそこで滅《ほろ》びている大名家のはずですから。毛利家は関ヶ原の乱でも生き残り、江戸時代にも生き残り、現在に至っても健在です。

安部　毛利家の長州《ちょうしゅう》藩を地盤《じばん》とする首相《しゅしょう》が何人も出ているくらいですからね。

■「孤独な天才」「時代に呼ばれていた」信長

安部　この章の結びに、織田信長の人物像について僕の見立てを申し上げます。信長とは「孤独な天才」であり「怒《いか》れる男」です。「こんな世の中でいいはずがないではないか」という現状への怒りが、彼の行動の出発点には常にありました。

それから信長には美学もあります。まるで箱庭を愛《め》でるように、数学的に整然と整ったものに対する異様な愛着をもっていました。「自分がこの国を整然とした形に変えていくのだ」という強い信念があったのです。

そういう理想を思《おも》い描《えが》きながら、彼は追《お》い詰《つ》められる人生をずっと歩んできました。2歳のころに親から置いていかれてしまい、跡継《あとつ》ぎ問題では弟と争うことになります。それ以降もずっと戦いの中に身を置いてきました。普通《ふつう》では考えられないようなプレッシャーと緊《きん》張《ちょう》感の中で自分を磨《みが》き、指導者として一定の方向に自分を作り上げていったのです。

佐藤―織田信長とは「時代を作った人」であると同時に「時代に呼ばれていた男」だと思います。戦国時代という戦乱の世に、断絶を一回つける人物を時代が求めていました。戦乱に断絶をつけようとした信長の記憶《きおく》は秀吉に直接継承《けいしょう》され、秀吉の記憶は逆に徳川によって断絶されてしまいます。そして明治維新のときに、時代に大きな区切りがつけられました。

実は小泉純一郎さんが模範《もはん》としていた人物は織田信長なのです。「今までの既存の体制を一回リセットしよう」と考える人にとって、信長はまさに鋳型《いがた》となりました。だから「信長は死なない」とも言えます。

安部―信長というモデル像はリーダーたちの記憶の中に色濃く残っているから、信長は現代においても未来においても繰り返し繰り返し生まれてくる。

佐藤―裏返して言うと、彼は「時代に呼ばれていた男」だと思うのです。もし特殊《とくしゅ》な個性をもっていて、この人しかありえないという人格異常者だとすれば、信長モデルは一回で終わっていたはずです。でも信長とその周辺人物の話はNHKの大河ドラマにも採用されますし、安部先生をはじめ多くの小説家が関心をもって小説を書いてきました。そうした作品によって信長は再解釈《かいしゃく》され、再生産され、作品によって再び命が吹《ふ》きこまれていくのです。

信長の息は非常に長い。楠木正成《くすのきまさしげ》は戦国時代の文脈の中であまり熱心に読み直されませんが、信長は放っておいても何度でも読み直されます。

安部―たしかにそうだ。危機に陥《おちい》ったとき誰《だれ》を最初に思《おも》い浮《う》かべるかといったら、みんな信長なんじゃないですか。

佐藤―それは成功の直前まで行ったからです。危機に陥ったときに「やっぱり今こそ後醍醐《ごだいご》天皇だよね」という感じにはなりません。後醍醐天皇の話を読み返していたら、さらなる大混乱に陥るような気がします。

成功の直前で命を絶たれたからこそ、信長モデルが今に生きているのかもしれません。秀吉はモデルになりにくいのです。「出口は大坂夏の陣《じん》ですか」という話になっちゃいますからね。藤原道長《みちなが》＊5も平清盛《たいらのきよもり》も出口にはなりにくい。

信長が天下統一して将軍になれば、彼の性格からして必ず驕《おご》って増上慢《ぞうじょうまん》に陥ったでしょう。その一歩前で切断されて増上慢にならずに済んだから、信長が今日も生きる人生のモデルとなっているのです。

安部―すばらしい見立てです。僕もまったくそのとおりだと思います。

佐藤―信長はああいう形で、志半ば、志達成の直前で命を失いました。それゆえに永遠に生きているのです。でもその因果として、かわいそうなのは明智光秀ですよね。いまだに「三日天下だ」「裏切り者だ」と蔑《さげす》まれて、たぶん永遠にそういう言われ方をするのでしょう。彼は彼で、日本のことを真面目に考えていたのに。

安部―明智光秀のほうが当時の一般大衆にははるかに近いと思います。信長は大衆がついていけないくらい先へ進みすぎていた。そこもおもしろい人物対比です。

第6章　豊臣秀吉の光と影

「バテレン追放令」から「朝鮮出兵」。

秀吉もキリスト教を抜きにしては語れない。

イエズス会とはいかなる存在だったか、
なぜキリスト教徒は世界中で戦争をしたのか。

世界史から日本史の謎に迫る。

■秀吉の「バテレン追放令」

安部　天正15年（１５８７年）に豊臣秀吉が九州出兵へ打って出るまで、九州では薩摩《さつま》の島津義久《よしひさ》*1が圧倒的《あっとうてき》な力を誇《ほこ》っていました。秀吉はその島津氏を抑《おさ》え、九州平定に成功します。九州にはキリシタン大名がおり、イエズス会の影響《えいきょう》を色濃《いろこ》く受けたキリスト教徒の結束は固い状況《じょうきょう》でした。長崎にはイエズス会の領地まであります。

そこでこの年、秀吉は「バテレン追放令」を発令しました。キリスト教を「邪法《じゃほう》」と認定《にんてい》し、外国人宣教師は20日以内に国外追放の処分とすることを命じたのです。

ここはぜひとも佐藤さんに教えていただきたいと思います。「バテレン追放令」とは、要するに「キリスト教世界の正義」と「豊臣秀吉が背負っていた神国日本の関白としての正義」の対立だったのはないでしょうか。

佐藤　私もそのとおりだと思います。イエズス会は軍隊組織をもつ宗教団体です。彼らは軍事力に裏打ちされたパワーによって、自分たちの普遍《ふへん》主義を日本で実現しようとしました。そのイエズス会流の普遍主義と、秀吉流の正義との戦いが起きたのです。

軍事力を背景とはせず、あくまでも平和的な対話と宣教努力を通じて、普遍的な思想・哲学を広めていくアプローチがあります。イエズス会が採ったアプローチは、そうした平和的なやり方ではありませんでした。片方においてはキリスト教を宣教しつつ、貿易を通じて文明の利器である羅針盤《らしんばん》や鉄砲《てっぽう》を売りつける。もう片方においては、イエズス会の普遍主義を受け入れない者に無理やり力で押《お》しつける。こういうゴリ押しのやり方に対する根強い反発が、秀吉の中にはあったわけです。

なぜイエズス会が、力による強気の宣教を展開したのでしょう。宗教改革運動の抵抗《ていこう》を受け、カトリック教会はプロテスタントから押されていました。そのプロテスタントに対抗《たいこう》する体制を整えるため、イエズス会を結成しトリエントの公会議を開いて、カトリック教会が力を取《と》り戻《もど》した時期だったのです。

安部―1545年から1563年まで、イタリアの都市トリエントでカトリック教会の公会議が開かれました。ここではあらためてプロテスタントの立ち位置を強く否定し、ローマ教皇の絶対的正義を再確認《かくにん》し、免罪符《めんざいふ》が依然《いぜん》として有効であること、宗教裁判を引き続き積極的に進めることなどが決議されています。これにより、プロテスタントに押されていたカトリック教会は再建されました。

佐藤―トリエント公会議の結果、カトリック教会はプロテスタントに対抗する盤石《ばんじゃく》な体制を整えます。その結果、日本においては既存《きそん》の仏教各派や神社を否定し、宣教の攻勢《こうせい》を戦闘的《せんとう》に強めていったのです。カトリック教会が急速に力をつけて日本に浸透《しんとう》した結果、秀吉による「バテレン追放令」へとつながりました。

■イエズス会が掲げた「正戦論」

安部―カトリック教会が世界進出へ打って出た理論的な柱として、戦争と武力行使を正当化する「これは聖戦である」「正当な戦争である」という理論があります。

佐藤―正戦論（Just War Theory）ですね。

安部―ええ。世の中には「正当な戦争」と「不当な戦争」がある。正当な理由があるのならば、戦争は合法であって違法《いほう》ではない。神の教えにも背《そむ》かない。むしろ神の教えに沿った正しい戦争なのだという理論です。

正戦論についてしっかり把握《はあく》しておくと、なぜイエズス会が十字軍の一派として戦争に参加し、①征服《せいふく》②布教③植民地化の三つが三位一体《さんみいったい》になっていたのかわかります。

佐藤―明治以降、日本は日清《にっしん》戦争（1894〜95年）や日露《にちろ》戦争（1904〜05年）を皮切りとして近代戦争に突入《とつにゅう》していきました。この時代においては、すでに正戦論は無差別戦争史観へと移り変わっていました。すなわち戦争を戦う二国間のうち、どちらが正しいかは問わない。「白旗を掲《かか》げている人間を撃《う》ち殺《ころ》す」「民間船を沈《しず》める」「宣戦布告をせずにいきなり先制攻撃《こうげき》をする」といった戦時国際法に違反《いはん》する行為《こうい》はしてはいけない。その手続きの問題だけを問うのであって、あとは戦争に関しては無差別に何をやってもいいという考え方です。

第1次世界大戦や第2次世界大戦で無差別戦争史観がまかり通る前の時代は、「正当な戦争」か「不当な戦争」かという正戦論が非常に重要でした。錦《にしき》の御旗《みはた》を掲げて「これは正義のための戦争だ」と決まった瞬間《しゅんかん》、ここまでやるかというところまで力技《ちからわざ》で推《お》し進《すす》めるのです。イエズス会については、安部先生がおっしゃるとおり①征服 ②布教 ③植民地化がいずれもすべて正しい、という形で進められました。

ちなみにナチスドイツの無差別戦争史観を経《へ》て、現代において再び正戦論が出てきます。国連体制下では、戦争は一応違法化されていますよね。

安部――基本的に、国連加盟国間では戦争をしない建前になっています。

佐藤――でも「これは人道のための戦争だ」という理屈《りくつ》で、正戦論が前面に出てくるのです。たとえば国際法も何もかも逸脱《いつだつ》したサダム・フセイン[*2]みたいな暴君が出てきたとき、その暴君を抑えつけるためには何らかの大義名分が必要となります。そのとき、昔懐《なつ》かしい正戦論が再び復活するのです。

▩なぜキリスト教徒が世界中で戦争をしたのか

安部―「平和と友愛を求めるキリスト教徒でありながら、なぜ戦争に行くのか」というのが素朴《そぼく》な疑問です。キリスト教の来《こ》し方《かた》を振《ふ》り返《かえ》ってみると、いくつもの歴史的段階がありま す。キリスト教が世界展開していく端緒《たんしょ》となるポイントは、キリスト教がローマから公認《こうにん》されたことでした。

佐藤―313年のミラノ勅令《ちょくれい》ですね。

安部―ええ。イタリアのミラノで、コンスタンティヌス大帝《たいてい》[*3]とリキニウス帝《てい》[*4]がキリスト教の信教の自由を正式に宣言しました。それまでキリスト教は危険な異教として弾圧《だんあつ》されていたわけですが、ミラノ勅令の公認によってキリスト教弾圧は終わります。ミラノ勅令で公認されると、キリスト教側は「我々がローマ帝国《ていこく》のために戦うことは可能なのだ」という理論を作り出しました。

佐藤―いったん「戦うことは可能なのだ」という理論を作ってしまうと、すぐに「戦わなくてはならない」に理論が転化してしまうものです。

安部｜西暦《せいれき》354年から430年まで生きた初期キリスト教の教父アウグスティヌス[*5]は、正戦論の創始者です。彼は「正しい平和の回復を目的として行われる限り、戦争は正しいものである。そうした戦争は、キリスト教の教えに反するものではない」という理論を打ち立てました。

佐藤｜中世において「神の平和」という言い方があります。「平和」という言葉が使われてはいるものの、要するに「平和」とは戦争のことなのです。今の日本を見渡《みわた》してみても、保守派の論客の中に「積極的平和主義」という言葉を使う人がいますよね。「積極的平和主義」なんて、要するに戦争のことです。

安部｜「積極的平和主義」というと、今の首相《しゅしょう》がよく口にしていました。

佐藤｜元外交官の伊藤憲一さんが、2007年に『新・戦争論　積極的平和主義への提言』（新潮新書）という本を出版しました。「積極的平和主義」とは「平和を実現するための武器を取れ」という意味です。

安部｜その正戦論は、昨日今日生まれた議論ではなく、4世紀から連綿と存在したものでした。11世紀ごろになると、やがてスコラ神学[*6]と正戦論が結びついていきます。「正しい戦争には二つある。一つは自衛のための防衛戦争だ。もう一つは攻撃型戦争である。不正に対する刑罰《けいばつ》の行使としての攻撃型戦争も、やってもいいのだ」という二本柱になっていきました。

この理論が、やがて13世紀に活躍《かつやく》したイタリア・ドミニコ会[*7]の神学者トマス・アクィナス[*8]につながっていきます。トマス・アクィナスは、キリスト教とアリストテレス[*9]の哲学を融合《ゆうごう》してスコラ神学を完成させました。

さらにその理論が、16世紀から17世紀初頭にかけて活躍したスペイン・イエズス会神学者のフランシスコ・スアレス[*10]へとつながっていきます。フランシスコ・スアレスはトマス・アクィナスの思想を受《う》け継《つ》ぎ、新スコラ学派を創設しました。彼は国際法を学問体系として構成した人物としても知られています。

佐藤― 特にイエズス会の場合、イエズス会自体が軍隊そのものです。フランシスコ・スアレスの理論立てによって、イエズス会は後ろめたいところが何もない状態で防衛戦争にも攻撃型戦争にも繰《く》り出《だ》せるようになりました。

安部― ええ。イエズス会が掲げる正戦論の中には、自衛戦争だけではなく攻撃型戦争も含《ふく》まれます。「不正に対する制裁、処罰《しょばつ》としての攻撃型戦争は許されるのだ」という「不正」の中には、キリスト教に対する弾圧も入っていました。かつて自分たちを弾圧した異教徒、そして自分たちとは思想・信条を異にする異端《いたん》に対して、イエズス会による攻撃の刃《やいば》が向けられていくのです。

■ 異教と異端へ向けられた刃

佐藤―キリスト教においては「異教」と「異端」の二つがあります。異端とはキリスト教の枠《わく》の中に入ってはいるのですが、彼らから見て「間違《まちが》えた言説を奉《ほう》じている人たち」のことです。カトリックからプロテスタントや正教（東方正教会、ギリシャ正教）は異端と見られました。それら異端に対しても、十字軍による攻撃の刃が向けられています。だから以前ご紹《しょう》介《かい》したように、チェコに行くとプロテスタント教会では十字架《じゅうじか》を使いません。十字架は侵《しん》略《りゃく》のシンボルだからです。

十字軍の対象は、異端と見られていたアルビ派[*11]（アルビジョア派、カタリ派）やフス派[*12]に対しても向けられました。

安部―そして、もちろんキリスト教の立場からすると異教であるイスラム教に対しても向けられました。

佐藤―異教に対する十字軍と、異端に対する十字軍の攻撃の何が違《ちが》うのでしょうか。往々にして、異端に対する十字軍の攻撃のほうが厳しくなるのです。

安部―近親憎悪《ぞうお》みたいなものですよね。異教は「あいつらの宗教はオレたちとは別ものだ」と明確に意識していますが、異端は「あいつらの宗教の一部はどうもオレたちとやり方が似ている」と距離《きょり》が近いのです。

佐藤―距離が近いほうが、だいたい対立は大変なものへと泥沼《どろぬま》化するものです。あるところまで共通していると、ちょっとした差異が許せない。だから異教に対するよりも、異端に対する攻撃のほうが苛烈《かれつ》になるのです。

■絶対平和主義者だったアナバプテスト派とメノナイト派

佐藤―カトリックだけでなく、プロテスタントのほうでも16世紀に急進派の宗教改革が生まれました。宗教改革急進派の一部には、アナバプテスト派[*13]やメノナイト派[*14]のように絶対平和主義を唱えるところもあります。彼らはなんと抵抗権すらいっさい認めません。「オレたちを殺しに来るヤツがいたら殺されてしまえ」と言って、武器を取らずやられるがままなのです。こういう極端《きょくたん》なグループも出てきました。

安部―プロテスタントのほうでも、そのような異端は徹底《てってい》的に弾圧されたわけですね。

佐藤―プロテスタントは国教会制度を採りましたから、宗教が国家と密接に結びつきます。

国家は兵役《へいえき》を課すわけですから、「絶対平和主義を唱えて兵役に反対するような連中は国を害する存在である」と敵視され、弾圧されました。それだから、彼らはヨーロッパを離《はな》れてロシアへ逃《に》げたのです。「ロシア帝国下《ていこくか》においては兵役に就《つ》かなくていい。かわりに農場のマネジメントをしてください」と迎《むか》え入《い》れられました。だからロシアにはメノナイト派の信者がいるのです。また、アナバプテスト派とは起源を異にしますが、小児洗礼を認めないバプテスト派[*15]がロシアには多いです。この信者の中にも絶対平和主義の立場をとる人たちがいます。

安部――ドストエフスキー[*16]の小説にも出てきた気がするなあ。

佐藤――ええ。出てきますね。正戦論は必ずしもカトリック特有のものではありません。プロテスタントの中にも、正戦論を唱える構造は歴史的にあるのです。

安部――平和と隣人《りんじん》愛を説く宗教でありながら、国家宗教になっていったがために、正戦論によって彼らは征服を正当化していきました。

■内村鑑三『代表的日本人』で描かれる西郷隆盛

佐藤――正戦論は日本の神道《しんとう》にも見られます。本来の神道は護国を祈《いの》り、土地の神様を祀《まつ》るものですよね。土着の習俗《しゅうぞく》に根ざした神道が、戦争と関係するはずは本来ありません。なのに神道が国家と結びついて国家神道になると、たちまち神道の教えが侵略イデオロギーと化していくのです。ここが国家と宗教が結びつくことの怖《こわ》さではないでしょうか。宗教を信じている人は、カトリックであろうがプロテスタントであろうが神道であろうが、無自覚のうちに正戦論と侵略戦争を正当化してしまうのです。

安部― 大航海時代のスペインにしろ、ポルトガルやオランダにしろ、宗教をまとった帝国主義そのものです。

佐藤― 現代から見たら、明らかにそうなのです。私は2019年12月から週刊誌の「AERA」で「池田大作研究」を連載《れんさい》していまして、その関係で内村鑑三《うちむらかんぞう》の『代表的日本人』を久しぶりに読み返してみました。

安部― 『代表的日本人』というと西郷隆盛《さいごうたかもり》、上杉鷹山《うえすぎようざん》、二宮尊徳《にのみやそんとく》、中江藤樹《とうじゅ》、日蓮《にちれん》の5人を論評した有名な古典です。原著は英語で書かれ、西欧《せいおう》でもよく知られています。

佐藤― 第1章の西郷隆盛は、鎖国《さこく》政策を採った善人として描かれているのです。

〈長くつづいた日本の鎖国を非難することは、まことに浅薄《せんぱく》な考えであります。日本に鎖国を命じたのは最高の智者《ちしゃ》であり、日本は、さいわいにも、その命にしたがいました。それは、世界にとっても良《い》いことでした。今も変わらず良いことであります。世界から隔絶《かくぜつ》していることは、必ずしもその国にとって不幸ではありません〉（『代表的日本人』岩波文庫、13ページ）

我々はまだ幼い国だったから、外国へ向かって国を開くことはできなかった。その日本が鎖国という正しい選択《せんたく》を採らず、早々に開国していれば、日本はとうに植民地にされていた。ペリーが黒船に乗って日本へやってきたときに、ようやく我々も外へと開かれるべき時期となった——内村鑑三はこういう見方を示しているのです。

■明をキリスト教化したかった秀吉

安部——1587年の「バテレン追放令」から5年後、豊臣秀吉は朝鮮出兵へ踏《ふ》み切《き》ります。文禄《ぶんろく》・慶長《けいちょう》の役（1592〜1598年）です。

佐藤——歴史上、日本は朝鮮半島の国だけと単独で戦争したことはありません。朝鮮半島に対して事を構えるときには、必ず大陸側もセットで敵に回しています。朝鮮半島との文脈だけにしか目が行かない日本人は、往々にしてそこをとらえ違えてしまうのです。朝鮮出兵を命じた秀吉は、朝鮮半島の先にいる明《みん》まで見据《みす》えていました。カトリック教会はその秀吉の野望に魅力《みりょく》を感じたのでしょう。

安部―秀吉はイエズス会、もっと言うとスペイン本国と組んで、いずれ明に出兵しようと構想していました。ルイス・フロイスの『日本史』を読むと、イエズス会の日本布教担当責任者だったガスパール・コエリヨ[*17]（ポルトガルの宣教師）が、天正14年（1586年）に大坂城の秀吉を訪ねているのです。そのとき秀吉が「『明国に出兵して、明国をキリスト教化するのだ』と宣言した」と『日本史』には書かれています。

天正14年、すなわち本能寺の変（天正10年＝1582年）からわずか4年の段階で、秀吉はそこまで考えていました。実は秀吉政権の誕生当時から、イエズス会との関係はかなりのところまで深まっていたのです。

佐藤―安部先生の推論には非常に説得力があります。戦国時代にはキリシタン大名がおり、長崎の土地は教会領になっていました。政教一致《いっち》の体制が完成している中で、キリシタン大名から「行け！」と言われたら、兵隊は命を捨てることを怖《おそ》れず戦います。

安部―殉教《じゅんきょう》精神ですからね。

佐藤──キリシタン大名のもとには、キリシタンの僧兵《そうへい》が大量に控《ひか》えている状態だったのです。しかも信長は本願寺や比叡山《ひえいざん》を徹底的に弾圧し、既存の僧兵勢力が相対的に力が弱っている状況でした。そうした中で、カトリックを信じる新たなる僧兵が力を増したのです。

安部──ゴッドファーザー（洗礼親）とゴッドサン（洗礼子）という垂直の関係が成り立っていて、布教のヒエラルキーは宣教師を中心にビシッとできあがっていました。命令一下、号令一下で、たとえ中央政府の言う命令に反してでも、キリストの御旗のもとに集まる。そういう強固な体制ができあがりました。

■長崎のキリシタン大名に対する危機感

安部──秀吉は朝鮮出兵前の段階で、朝鮮を征服した暁《あかつき》には明までも征服しようと構想していました。イエズス会と手を組んで征明《せいみん》を成功させ、明をキリスト教化して配下に収めようと考えたのです。

ところが1587年の九州出兵を通じて、長崎が教会領と化しており、キリスト教徒の結束が想像以上に固いことに秀吉は危機感を抱《いだ》きました。そこで「バテレン追放令」を出し、宣教師をただちに日本から追い出します。

キリシタン大名の大村純忠《すみただ》から寄進を受けて、イエズス会は長崎の教会領を要塞《ようさい》化していました。そこには二重三重の堅《かた》い防御《ぼうぎょ》システムが築かれており、マニラやマカオにあったものと同じ要塞型の城が造られています。大砲《たいほう》による迎撃《げいげき》システムも準備されていました。こうした現状は、秀吉としてはとうてい認めがたいわけです。

佐藤―なぜかというと、秀吉は天下の関白ですからね。

安部―「バテレン追放令」の一行目には「日本は神国である」と書かれています。なのにイエズス会の連中は、ヨソからもってきた違う宗教で神国の秩序《ちつじょ》を乱している。「目的は日本を植民地化することだ」と秀吉は見抜《みぬ》いていました。

長崎の要塞化ぶりをつぶさに見たとき、秀吉は「天皇の国土が外国に切り取られている」という現実に直面したのです。そこで秀吉は藤堂高虎《とうどうたかとら》*18を使者として送り、返還《へんかん》要求を出して長崎の教会領を取り戻しました。

「バテレン追放令」が出される前年の1586年、イエズス会のガスパール・コエリョが大坂城を訪ねて秀吉と面会しています。秀吉はコエリョに征明の意図を語り、明国征服に際してガレオン船のような大型船（通称《つうしょう》「ナウ＝Nau」）を2隻《せき》売ってくれと頼《たの》んでいます。

佐藤―最新鋭《さいしんえい》の装備を備えた軍艦《ぐんかん》ですね。

安部―おそらくその場でコエリョは「斡旋《あっせん》しましょう」と大見得を切ったのでしょう。ところがポルトガル海軍のカピタン・モール（Capitão-mor＝海軍の司令官）は「そんなことは絶対にできない」と反対し、軍艦の調達は実現できませんでした。だから秀吉は「約束が違うじゃないか」と激怒《げきど》し、「20日以内に宣教師を国外に退去させろ」と命令を出したのです。

秀吉とイエズス会の関係は、宗教的な問題を主として急に決裂《けつれつ》したわけではありません。外交的な問題、外交的圧力です。

佐藤―安部先生がおっしゃるように、秀吉は実際に長崎へ行ってみて心底びっくりしたと思うのです。「これが明日の我《わ》が身《み》の姿か。カトリック教会と手を組んだら大変なことになるな」と秀吉は気づきました。「軒《のき》を貸したら母屋《おもや》まで取られるぞ」と気づいたのです。

秀吉の目から見ると、長崎のキリシタン大名たちは間が抜《ぬ》けていて鈍《にぶ》い。イエズス会の意図を全然見抜けていないわけです。しかも先方は、最新鋭の軍艦を売らないしこちらと協力しないと言う。どういうことか。「そんな軍艦を渡《わた》したらオレたちを攻《せ》めてくる可能性がある」と、全然信用されていなかったのです。

安部―「お前らイエズス会はオレたちのことを信用してねえだろう。よくわかった」ということで宣教師の退去命令を突《つ》きつけて、最後通牒《つうちょう》を片手に「なんとか軍艦2隻を買わせてくれないか。そうすればバテレン追放令を取り下げる準備もある」といった交渉《こうしょう》へ進んでいったのだと思います。典型的な外交的手法です。

■檀家制度と相容れなかったイエズス会の宣教

佐藤―江戸《えど》時代のキリシタン禁止政策は、寺請《てらうけ》制度、檀家《だんか》制度をベースとして進められました。

安部―江戸幕府が導入した寺請制度、檀家制度は、今日で言うところの住民基本台帳や戸籍《こせき》制度でした。住民がどこの寺院に所属する者か明確に把握し、キリスト教徒ではないことを証明させたのです。

佐藤―秀吉の時代には、まだ檀家制度は作られていませんでした。つまり宗教は自由競争だったため、その競争の中にキリスト教が参入するのは簡単だったのです。明治以降どうしてキリスト教が日本での宣教に苦労したのでしょう。江戸時代に作られた檀家制度があったからです。檀家から信徒を引き剝《ひは》がすとなると、既存のお寺の抵抗がものすごく強いですからね。秀吉の時代の宗教は自由市場でしたから、信徒を檀家から引き剝がす必要なんてありませんでした。

話は秀吉の時代と前後しますけど、それにしても徳川家康は本当に頭が良い為政者《いせいしゃ》でしたよね。「キリシタンが日本に参入できないようにするためには、身分帳をきちんとつけて寺請制度を作る必要がある」。それだけでなく、「寺請制度によって檀家から日常的にお布施《ふせ》が入ってくるシステムを作れば、既存の仏教は堕落《だらく》して内発的な生命力を失う」と二重の読みをしていたのです。

安部―キリスト教とともに、仏教がもつ内発的な力も弱めてしまえば、中央政府は統治しやすくなる。これは非常にうまい発想でした。

佐藤―お墓を握《にぎ》っていて自動的にどんどんオカネが入ってくる宗教団体は、僧侶《そうりょ》が積極的に布教活動に勤《いそ》しむ必要がないため、左うちわで堕落していきます。お墓によって信徒を縛《しば》りつけることなく、能動的に信徒のもとへ出かけて寄進を募《つの》る団体と、宗教的なエネルギーが全然違うのです。

安部―今の宗教界の現状を見ても、そう思います。既存の仏教諸派は、自分たちの側から何ひとつ積極的にメッセージを発信しませんよね。

佐藤―檀家という固定収入がついていると、宗教団体は守りの姿勢で必然的に堕落していきます。どうやって自分たちの影響力を高め、どうやって自分たちの正しい教えを伝えていくか。攻めの姿勢で寄進と伝道に邁進《まいしん》する団体は、勢いがまったく違います。

■バテレン追放令の例外事項とされた商人

安部—興味深いことに、「バテレン追放令」の中には「商売の船はこの限りにあらず」という例外規定が入っているのです。とにかく南蛮《なんばん》貿易を続けないことには、銃弾《じゅうだん》の原料となる硝石《しょうせき》も鉛《なまり》も入ってきません。交易の利によって得られる経済的利潤《りじゅん》も入ってきません。南蛮貿易のルートを失うことは、豊臣政権にとって死活問題でした。だから「バテレン追放令」によって宣教師だけを追い出し、商売の船だけは自由に往来を認めた。その船にキリスト教徒が乗っていても、日本で積極的に宣教をしない限りお咎《とが》めなしとしたのです。これはのちのキリスト教弾圧とは次元が異なります。

佐藤—江戸時代になると、長崎の出島で一種の治外法権が認められました。江戸時代の日本は鎖国政策を採用していましたから、プロテスタント国家であるオランダの宣教師による宣教は認められません。宗教は駄目《だめ》だが、貿易をやるぶんには構わない。そういう形で、出島が鎖国政策下でただ一つの貿易拠点《きょてん》として認められました。

安部—秀吉の方針には矛盾《むじゅん》があります。秀吉が打ち出した「バテレン追放令」は、バテレンを追放して危険分子は取り除くけれども、商売だけはちゃんとやってちょうだいねという意味です。これは当時のスペインが掲げた世界進出方針と矛盾します。スペインはローマ教会、イエズス会やフランシスコ会[*19]と一体となって世界進出を展開しました。秀吉が言うような都合の良いことは、スペインとしてはとても認められません。貿易を認めるならば、同時に宣教の自由も認めろというわけです。

秀吉政権はこの問題をめぐって、右に左に揺《ゆ》れました。朝鮮出兵の前に、秀吉は聚楽第《じゅらくだい》（京都の邸宅《ていたく》）でアレッサンドロ・ヴァリニャーノと対面します。彼が連れ帰ってきた天正少年使節と一緒《いっしょ》に対面する形を取りました。これは事実上の「バテレン追放令」の撤回《てっかい》です。

佐藤―天正少年使節団はバテレンそのものですからね。

安部―ええ、この壮大な企画を実現したヴァリニャーノは、バテレンの親玉です。

佐藤―秀吉はそのバテレンの首魁《しゅかい》と面会しました。「これよりバテレン追放令を撤回する」という文書は出しませんでしたけれども、行為によって事実上バテレン追放令を撤回したのです。

安部―それはなぜかというと、軍事物資が日本に入ってこなくて困っていたからです。イエズス会とスペインの協力がなければ、明国征服なんてとてもできません。そこで秀吉はやむなく方針を撤回しました。その証拠《しょうこ》に、当時の大坂城下には教会が六つばかりあったと書かれた書物が残っているのです。

■黒田官兵衛とヴァリニャーノ

安部――ちなみに秀吉の軍師だった黒田官兵衛《かんべえ》は、熱心なキリスト教徒なのです。小田原征伐《おだわらせいばつ》(1590年)の陣中《じんちゅう》で官兵衛が秀吉に「アレッサンドロ・ヴァリニャーノと対面してやってくれ」と頼んでいることが、フロイスの『日本史』に書かれています。「官兵衛殿が関東にいたときのことであるが、あるとき彼が我らの使節一行のためを思って発言した」。ここで言う「我らの使節一行」とは、ヴァリニャーノの一行のことです。

「ヴァリニャーノに会ってやってくれ」「そしてバテレン追放令を取り消してくれ」と官兵衛が言うと、関白秀吉がなんと答えたか。フロイスは次のように書いています。

「汝《なんじ》はまだ性懲《しょうこ》りもなくバテレンどものことを話すのか。汝がバテレンどもに愛情を抱いているために、余《よ》が汝に与《あた》えるつもりでいたもののうち、多くを取り上げたことを汝は心得ぬのか」

黒田官兵衛と秀吉の間で、すさまじいせめぎ合いがあったのです。

佐藤―黒田如水《じょすい》（官兵衛）というと、当時の日本のキリシタン大名のトップですよね。そのトップから「イエズス会との関係を修復するべきだ」と強く進言を受けながら、秀吉は「いや、それを認めたら日本は彼らから植民地化されかねない」と怖れを抱いていました。

安部―朝鮮出兵をやるためには、イエズス会やスペインとの関係を修復し、国交回復しなければならない。日本の歴史学界は、こうした時代背景があったことをあまり問題にしようとしないのです。

■イギリスの大砲を使って大坂冬の陣を戦った家康

安部―種子島《たねがしま》の鉄砲伝来について、あやふやな伝承を本当だと思いこんでいる人が多いと、本書第3章で指摘《してき》しました。近世ヨーロッパの兵器産業についてきちんと理解しなければ、当時の世界情勢と秀吉政権の朝鮮出兵がつながっているという視野をもつことはできません。

当時のヨーロッパの兵器産業は、いったいどうなっていたのでしょう。大坂冬の陣（1614年）で家康が備前島（現・大阪市都島区網島町）に大砲を据《す》えて、大坂城の天守閣を砲撃《ほうげき》したのは有名な話です。このときに使ったのが、イギリスから買ったカルバリン砲《ほう》でした。

佐藤―カルバリン砲というと、砲身《ほうしん》が細長い大砲ですね。家康はイギリスと貿易をやっていただめ、そうした最新兵器を手に入れることができました。

安部―三浦按針《あんじん》こと、イギリス人のウィリアム・アダムズ[20]を通じて、家康はイギリスとの貿易路を開いたのです。イギリスが造ったこのカルバリン砲によって、家康は豊臣家を滅《ほろ》ぼしました。

イギリスはドーバー海峡《かいきょう》で戦ったアルマダの海戦[21]（1588年）で、スペインの無敵艦隊《かんたい》を破っています。このカルバリン砲を船に載《の》せていたおかげで、イギリスは無敵艦隊に勝利しました。このころのイギリスは製鉄産業が非常に盛《さか》んでして、長さ3メートルもある巨大砲を造れる態勢が整っていたのです。この巨大砲の威力《いりょく》によって、スペイン艦隊をやっつけました。

佐藤―当時の大砲ですから、まだ炸裂《さくれつ》はしないですよね。

安部―炸裂砲ではないですね。

佐藤―鉛の弾《たま》がガーン！と飛んでくる。

安部―だいたい18ポンドです。

佐藤―うわっ、それだと船に大きな穴が開きますね。

安部―8キロくらいの重さですからね。なにしろ家康が備前島からカルバリン砲をぶっぱなしたとき、大坂城の壁《かべ》を突《つ》き抜《ぬ》けて柱を折り倒《たお》し、崩《くず》れてきた瓦礫《がれき》に押しつぶされて侍女《じじょ》が死んだという記録が残っています。船の横っ腹なんて、平気で貫通《かんつう》するでしょうね。

佐藤｜１５８８年に無敵艦隊を破ったときには、すでにそのカルバリン砲があった。

安部｜ポルトガルのリスボンで軍事博物館へ出かけたことがあるのですけれども、１５４０年代の段階で、ポルトガルはすでに口径40センチの大砲を造っているのです。

佐藤｜口径40センチというと、ものすごい大きさです。

安部｜それを見たとき「うわっ！」と思いましたよ。近世ヨーロッパの兵器産業が、どれだけ進んでいたかがよくわかります。どうしてポルトガルはそういう兵器を造ることができたのでしょう。１５０２年から57年まで生きたポルトガルのジョアン３世[※22]は、徹底的に大砲産業を育成しました。

当時の大砲は銅で造られています。原料となる銅を、ポルトガルはベルギーから買いつけていました。その原資はどうやって調達したのか。西アフリカ産の金、象牙《ぞうげ》、モルッカ諸島の香料《こうりょう》を売ったオカネで銅を買いつけて、大砲を造ったのです。１４００年代後期から兵器の生産態勢と技術が着々と整備され、ジョアン３世の時代に確立されたのです。

ヨーロッパを舞台《ぶたい》として、兵器の原料輸入、製品の輸出態勢ができあがっていました。その態勢がアジアまでやってきたと考えなければ、種子島への鉄砲伝来がもつ本当の意味はわかりません。

佐藤―小火器と合わせて、大筒《おおづつ》まで入ってきた。秀吉や信長にとってみれば、キリスト教伝来に伴《ともな》って、そうした武器をどうやって手に入れるかは死活問題でした。日本には軟鋼《なんこう》もないし、ネジの作り方もよくわからない。日本人もいろいろ武器を購入《こうにゅう》して、分解しながら研究したはずです。しかし、なかなか自前でオリジナルの武器は造れません。

安部―2020年放送のNHK大河ドラマ「麒麟《きりん》がくる」では、最初のころの放送で鉄砲を造る話を描いていました。砲身の後ろに尾栓《びせん》のネジを切るときは、砲身が1ミリたりとも動かないように固定しなければなりません。砲身がブレたら、ネジの山までズレちゃいますからね。雌《め》ネジを切るタップのような工作機械がないことには、とても鉄砲生産なんてできません。

■ 朝鮮出兵への協力を拒んだ琉球王国

安部―1592年から始まった秀吉の朝鮮出兵は、結局大失敗に終わります。朝鮮半島の先にある明を征服するどころか、朝鮮を征服することすらできませんでした。

佐藤―征服ができないとなると、戦争を戦った者への恩賞を満足に与えられません。加藤清《きよ》正《まさ》にしても小西行長《ゆきなが》にしても、秀吉のもとで戦争に参加して多大な犠牲《ぎせい》を払《はら》っています。負け戦《いくさ》のあと、限られた恩賞の分配をめぐってトラブルが生じるのは必然的です。

私の母は久米島《くめじま》出身でして、私の中には沖縄人の血が半分入っています。ですから、秀吉の朝鮮出兵をめぐっても自然と琉球《りゅうきゅう》に目がいくのです。朝鮮へ出兵するにあたって、秀吉は琉球王朝に「兵とカネを出せ」と言いました。でも琉球は命令を無視しています。

安部―琉球は明の冊封《さくほう》体制下でしたからね。

佐藤―ええ。同じく明の冊封体制下にある朝鮮へ出兵するにあたって、琉球から兵を出すなんてことができるわけがありません。1609年の琉球侵攻《しんこう》は、朝鮮出兵に協力しなかったことに対する、中央政府からの報復の意味合いがありました。

それと同時に、朝鮮出兵によって血を流した薩摩《さつま》藩の島津氏に対して、それなりの恩賞を与える意味合いもあります。そこで琉球侵攻後、「道《みち》の島《しま》」（奄美大島《あまみおおしま》や喜界島《きかいじま》、徳之島《とくのしま》などの奄美群島《あまみぐんとう》）は薩摩藩のものになりました。1609年の琉球侵攻は朝鮮出兵とも深く関係していますし、現在の一連の沖縄問題の根源でもあるのです。

安部―まさにおっしゃるとおりだと思います。朝鮮を攻めたあと、いかに明へと足を延ばすか。秀吉にとっては、琉球王朝の協力を得て南回りの経路も確保しておきたかったわけです。

佐藤― 朝鮮半島経由の道が閉ざされたのであれば、南に琉球経由の道がありますからね。島津氏の薩摩藩に服従させる形で琉球を押さえ、琉球口を開けて明との貿易体制、交易関係を維持《いじ》できるようにしておく。必要な物資はいつでも手に入れられるようにしたうえで、南回りでいずれ明を征服してやろう。そんな思惑《おもわく》があったはずです。

前にもこの対談で触《ふ》れましたが、「道の島」は薩摩藩の直轄《ちょっかつ》下に入れているのに、徳之島のすぐ西側にある硫黄鳥島《いおうとりしま》だけは琉球領のままでした。地理的には奄美群島（道の島）なんですけどね。硫黄鳥島を琉球に入れておかなければ、明との貿易を続けることができません。そんな地政学的要因が働いていたことは、歴史から垣間見《かいまみ》える興味深い点です。

■秀吉の「天皇を北京に移す」計画

安部― 秀吉の朝鮮出兵は、はなからまったくの大失敗だったわけではありません。「大同江《テドンガン》の戦い」では秀吉軍が勝利し、平壌《ピョンヤン》城を陥落《かんらく》させることに成功しています。「大同江の戦い」直前の1592年5月、肥前国の名護屋城（現・佐賀県唐津《からつ》市）にいた秀吉は、大坂城にいた秀次《ひでつぐ》[*23]と北政所《きたのまんどころ》[*24]の侍女に手紙を出しました。その手紙の中で、今後の作戦計画について「天皇を北京《ペキン》に移し、まわりの10カ国をその経費に充てる」と記しているのです。

佐藤―大陸を征圧《せいあつ》した暁には、天皇が大陸の皇帝《こうてい》になるという突拍子《とっぴょうし》もない計画です。

安部―その手紙の中で「私も北京に行き、仕事が済んだら寧波《ニンポー》（現・中国浙江《せっこう》省の港湾都市）を拠点とする」と書いています。寧波は琉球との交易基地でしたから、もし秀吉が寧波に移り住めば、北経由ではなくて南経由の流通ルートが開けることにつながりました。そうなっていれば、歴史は大きく変わっていたはずです。

佐藤―秀吉は最初朝鮮経由で明にアプローチし、力による交易をやろうとしました。それができないのであれば、比較的《ひかくてき》平和裏《り》なやり方で琉球経由の交易ルートを開けばいい。いずれにせよ、明との関係を完全には断《た》ち切《き》らないことが重要でした。

安部―朝鮮出兵が失敗して泥沼化していくと、秀吉軍の内部で前線部隊指揮官だった石田三成《みつなり》[*25]派と加藤清正ら実戦部隊が対立していきます。その先鋭《せんえい》的な対立が、関ヶ原の合戦（1600年）まで続いていくのです。

文禄・慶長の役（1592〜98年）によって、日本は莫大な戦費を使って膨大《ぼうだい》な人的損失を出しました。朝鮮出兵が始まった1592年の翌年、出兵1年後に軍隊改《あらため》を実施《じっし》しています。すると15万いた兵のうち、半分がいなくなっていたのです。

佐藤―戦死したか、「この戦争はだいぶ旗色が悪い」と逃亡《とうぼう》したか。あるいは敵方に投降して寝返《ねがえ》ったか。

安部―講和によって、朝鮮軍に降伏《こうふく》した兵もいます。凍傷《とうしょう》で亡《な》くなった兵隊もいますし、秘密裏に日本へ逃《に》げ帰《かえ》った者もいました。その結果、兵力がたった1年でほぼ半数に減ったという記録が残っています。

それでもなお、減った兵力を補充《ほじゅう》するために次々と兵を送りこまなければなりません。すると兵士だけではなく、荷物を運ぶ人夫や戦場人足まで徴用《ちょうよう》しなければいけなくなります。各村にいる健康な男子を徴用して使い、そのうえ戦費負担の税金もたんまり取る。朝鮮出兵によって、日本中の村が荒《あ》れ果《は》てていきました。その結果、村ごと逃散《ちょうさん》する例が続出します。

慶長3年（1598年）8月に秀吉が死ぬと、日本は朝鮮から撤退《てったい》せざるをえませんでした。この敗戦は、まさに昭和20年8月15日とよく似ています。

佐藤―こういう形で、歴史とは構造的に反復するのですよね。

■文禄・慶長の役はなぜ大失敗したのか

佐藤―秀吉の朝鮮出兵は、無計画だったせいで失敗したわけではありません。当時においては非常に計画的に作戦が組まれたわけですが、朝鮮の民衆の力を過小評価していたのでしょう。

安部―それはあるでしょうね。火縄銃《ひなわじゅう》の威力によって、緒戦《しょせん》は圧倒的に日本が勝利しています。ところが明国から新しい火器が支援《しえん》物資としてどんどん送られてくるため、以前のように勝てなくなっていきました。朝鮮と戦うことは、明と戦うことでもあるのです。

佐藤―バックにいる明を敵に回すことは覚悟《かくご》していたと思うのですが、「朝鮮なんて簡単に征服できるだろう」と甘《あま》く見ていた。秀吉は、今までの国盗《と》りの延長線上で考えていたのだと思います。

安部―日本の場合、敵の領主を降伏させれば、そこで暮らしている領民は全員従います。

佐藤―朝鮮ではそういうわけにはいきません。たとえ領主が戦いに負けて降伏しようが、その瞬間民衆が全員白旗を掲《かか》げて降参するわけではない。朝鮮が日本とは異質な外部世界であることに、秀吉は気づかなかったのです。

安部―そこはものすごく大きいと思います。第2次世界大戦の失敗とまったく同じですよ。

佐藤―「朝鮮神宮《じんぐう》を造って天照大神《あまてらすおおみかみ》を崇拝《すうはい》させれば、朝鮮人は言うことを聞くだろう」と思っていたら、全然言うことを聞いてくれない。秀吉の朝鮮統治は大失敗しました。

仏法は中国大陸から朝鮮半島経由で日本に伝来してきたわけですし、文化も文物も朝鮮から日本へ伝来しています。ですから歴史的に、日本は朝鮮のことを尊敬してきました。帰化人として日本で活動するようになった朝鮮人も、日本では尊敬されています。でも軍事的には自分たちのほうが強いと過信して、下に見ていたのでしょう。

安部─特にそれが顕著《けんちょ》になるのは、明治維新以降です。江戸時代は、朝鮮通信使が日本まで巡察《じゅんさつ》に来ていました。

佐藤─巡察については、お互《たが》い細かい中身は翻訳《ほんやく》しないという形でゴマかしていました。

安部─江戸幕府は儒教《じゅきょう》思想を採用していましたし、儒教の親分といえば朝鮮半島です。思想・哲学の面でも文化面でも朝鮮のことは深く尊敬していたはずなのに、軍事的には自分たちのほうが上だと腹の中で思っていた。その本音の部分が、やがて朝鮮半島の植民地化へと暴走していったのです。

■戦後360万部のベストセラーとなった『日米会話手帳』

佐藤─朝鮮半島を日本が本格的に見下すようになったのは、日清戦争(1894～95年)からでしょうね。日清戦争では、清《しん》の属国である朝鮮が戦場になりました。そこで日本が勝利したわけです。近代戦では、戦争に勝つとすぐに対応はガラリと変わります。だから戦争は怖いのです。

逆に戦争で負けても態度はすぐに変わります。日本のアメリカ観なんて典型的ですよね。もし太平洋戦争で負けなければ、アメリカに対する日本の態度は全然違っていました。昭和20年に一番売れたベストセラーは『日米会話《かいわ》手帳』です。文例が79しかない薄《うす》っぺらい英会話の本を作り、敗戦からちょうど1カ月後の9月15日に緊急《きんきゅう》出版しました。これがなんと、360万部の大ベストセラーになったのです。

安部　悪く言えば変節力、良く言えばすごい対応力です。こういうときの商魂《しょうこん》のたくましさはたいしたものですよね（笑）。

第7章　「パクス・トクガワーナ」の完成

信長、秀吉は「中央集権体制」と「重商主義体制」
を目指し、家康は「中央集権から地方分権」
「重商主義から農本主義」という体制転換を
成し遂げた。その国家路線の選択の場が
関ヶ原の合戦だったのだ。
265年間続いた平和はなぜ確立できたのか。

■ 律令制と中央集権国家を目指した信長の野望

安部―織田信長が目指していたのは、律令制《りつりょうせい》に基《もと》づく中央集権国家でした。その国家体制の中心に天皇を置こうとした構想は、豊臣秀吉、そして徳川家康へと受《う》け継《つ》がれています。

武士による土地の私有権をなくさない限り、戦《いくさ》はいつまで経《た》っても終わりません。そこで秀吉は刀狩《かたなが》りを徹底《てってい》し、検地と国絵図の作成を手がけました。信長は自分が天皇の上に立って中央集権国家を作ろうとしましたが、その試みは失敗に終わっています。信長の失敗をつぶさに見ていた秀吉は、関白として天皇の下に就《つ》きました。たとえ地位が天皇よりも下であろうが、関白として下から天皇を操《あやつ》ればいいわけです。秀吉は「自分は天皇の下に立ち、信長の理想を実現しよう」と考えていたのでしょう。

1603年に江戸《えど》幕府が成立すると、幕府は1615年に徹底した城割りを実施《じっし》しました。

佐藤―自分が居住する以外の城は不要な軍事施設《しせつ》だと見なし、城割りという破壊《はかい》命令を下しました。

安部―江戸幕府は、全国でいっせいに検地も実施しています。検地をやったうえで、各大名に所領を与《あた》えたわけではありません。各大名に託《たく》されたのは、あくまでも所領の管理権・管《かん》轄《かつ》権です。かつて律令制のもとで、各国の政務を担当する国司が中央政府から派遣《はけん》されました。江戸幕府が採ったやり方は、完全に国司派遣と同じ中央集権型の統治手法です。

佐藤―信長も秀吉も、二人とも「律令制に返るのだ」という復古維新《いしん》的な思想の持ち主ですよね。

安部―明治維新のときも同じでした。中央集権体制を築かない限り、強烈《きょうれつ》な外圧にはとても対抗《たいこう》できない。信長や秀吉の時代の雰囲気《ふんいき》は、幕末と本当によく似ています。地方分権制を採っている限り、国内を一つにまとめて国力を増強し、富国強兵を図《はか》れない。この問題を克《こく》服《ふく》する手段として、「かつての律令制に戻《もど》ろう」という発想にたどり着いたのです。

律令制の元祖は、秦《しん》の始皇帝《しこうてい》までさかのぼります。信長が造った安土《あづち》城は、三層の屋根の上に八角形と正方形の二層を乗せた造りになっています。上の二層をこんな不自然な形にしたのは、中国の伝説的な皇帝の住まい「明堂《めいどう》」を模したからだと思います。

信長の側近に、中国の歴史をきちっと押《お》さえていた知恵袋《ちえぶくろ》がいたのでしょうね。その有力なスタッフは、僕は公家《くげ》の近衛前久《このえさきひさ》*1だと思っています。

ところが、天皇も朝廷《ちょうてい》も律令制への回帰は望んでいませんでした。なんとなく「足利《あしかが》幕府体制を継続《けいぞく》するのがいちばんいいんじゃないか」と思っていたのです。その天皇と朝廷を強《ごう》引《いん》にでも引っ張るためには、自分が太上《だいじょう》天皇になって朝廷を根本から変えていかなければならない。これが信長の考え方でした。

だから安土城内に清涼殿《せいりょうでん》とそっくりの御殿《ごてん》を造り、そこに天皇を迎《むか》えようとしたのです。

佐藤―信長は、いっそ自分自身が天皇に即位《そくい》しようとまでは考えませんでした。秀吉も関白や太政大臣《だじょうだいじん》にとどまっています。

安部―天皇制は奈良時代以来の伝統なので手をつけられないが、自分の都合の良いようにうまく利用すればいいと考えていたのでしょう。

■ 秀吉と信長のパーソナリティ

安部―信長が天皇を道具として利用しようとしたからといって、天皇をまったく尊敬していなかったわけではありません。天皇に対する畏怖《いふ》の念はしっかりもっていたと思います。なにしろ織田家の先祖は劒《つるぎ》神社（現・福井県丹生郡越前町《にゅうぐんえちぜんちょう》）の神官ですからね。お父さんの織田信秀《のぶひで》*2時代には、京都からお公家さんを呼んで歌道や蹴鞠《けまり》を教わっていました。

佐藤―織田家は公家とかなり近かったのですよね。秀吉が農民の出自《しゅつじ》であるのに対して、信長は神主《かんぬし》や公家と親和性が高い。その意味においては、信長は秀吉よりもはるかに文化人の気質があります。

安部―だから信長には美術的センスと茶道《さどう》のセンスがあったのです。

佐藤―文化人としての素養が乏《とぼ》しい秀吉は、信長からずいぶんそういった部分を学ぼうとしたのでしょうね。

安部―自分もなんとか一生懸命《いっしょうけんめい》追いつこうとしました。

佐藤―でも、どうしても秀吉のセンスは金ピカになっちゃって、下品なのです。

安部―社長がゴルフのシングルプレイヤー（ハンディが1ケタの凄腕《すごうで》）なので、自分もなんとか社長と五分につきあえるようにがんばった。でも駄目《だめ》だった（笑）。どうしても出自は争えないところがありまして、秀吉はきっと堅苦《かたくる》しい席は嫌《きら》いだったと思います。茶の湯で神《しん》妙《みょう》にコミュニケーションを取るよりも、「堅《かた》いことは抜《ぬ》きにして飲もうや飲もうや」という感じが好きだったのではないでしょうか。

■ビジネス・ミーティングのサロンだった茶の湯

佐藤―当時の茶の湯は、どういう機能を果たしていたと見ますか。

安部―これにはいろいろな説があります。茶の湯とは、まず京都の大徳寺と大坂の堺《さかい》を中心に始まるのです。堺における茶室は、商人と買う人の交渉《こうしょう》の場でした。交渉をするとき、茶室に入れば個別に商談を進められます。

佐藤一　茶室は密室ですからね。

安部一　名物をもっていない野暮《やぼ》な人間は、茶室に足を踏《ふ》み入《い》れる会員権をもらえません。名人が作った茶碗《ちゃわん》、付藻茄子《つくもなす》の茶入《ちゃいれ》（ナスのように大きく腰部《ようぶ》分が広がった茶入。足利義満から伝来の茶入で戦国武将・松永久秀が信長に献上した）や平蜘蛛《ひらぐも》の釜《かま》（松永久秀が所有していた茶釜《ちゃがま》。蜘蛛が這いつくばっているような形状からこの名が付けられた）とか、そういった名物をもっていることが会員権の代わりと見なされたのです。そうした高価な茶器をもっている会員たちが集まる茶室が、鉄砲《てっぽう》や弾薬《だんやく》を取り引きする南蛮《なんばん》貿易の商談の場になりました。

佐藤一　茶として供されるものの中身は、本当にお茶だけだったのでしょうかね。あるとき松岡正剛《せいごう》氏（編集工学研究所所長）が「あれは今で言う違法《いほう》薬物が入っていたのではないか」と興味深い仮説を口にしました。

安部一　うーん……その説はおもしろいとは思いますが、真偽《しんぎ》はよくわかりません。ただし禅《ぜん》宗《しゅう》の寺では、お茶が半分薬品として飲まれていたことは事実です。大徳寺で出家した武野《たけの》紹鷗《じょうおう》＊3はのちの茶道の原型を作り、彼の弟子《でし》である千利休《せんのりきゅう》＊4が茶の湯を発展させました。

武士にとって、茶の湯が交際の場、サロンだったことはたしかです。応仁《おうにん》の乱（1467〜77年）が起きたころ、足利義政《よしまさ》＊5は銀閣寺に茶室を造りました。応仁の乱の時代からすでに茶室があり、茶室での接待が一つの文化になっていたのです。南蛮貿易が始まって堺が貿易の中心になっていくと、茶室は武士のサロンから商談の場へと変わっていきました。

佐藤――何事につけ、肝心《かんじん》なのは堺ですね。

■インテリジェンス・コミュニティとしての茶の湯

安部――ちなみにキリスト教の宣教師も、茶道を一生懸命勉強しています。自前の茶道具を買いこみ、道具の管理を寺の坊《ぼう》さんに任せていたという研究もあるのです。貿易商人が商談の場に入ったり、宣教師が殿様《とのさま》と話をつけるためには、茶室というアジール的な場が必要でした。

佐藤――名物をもっていることが会員権であるのと同時に、茶道をたしなむための一連のマナーも知らなければいけません。その全編通じて、エリートクラブに入るための会員権なのです。

安部――その会員権の管理を裏で司《つかさど》り、茶道に必要な道具やお土産《みやげ》の値段をどんどん吊《つ》り上《あ》げる悪い輩《やから》もいたようです。値段を吊り上げている輩の正体は、もしかすると南蛮貿易の大元締《おおもとじめ》だったのかもしれません。たとえば天王寺屋の豪商《ごうしょう》・津田宗及《そうぎゅう》＊6や、堺の豪商・今井宗久《そうきゅう》＊7です。

佐藤―今井宗久は織田信長に接近して堺の貿易を牛耳《ぎゅうじ》り、豊臣秀吉の茶頭《さどう》にもなりました。彼は千利休、津田宗及と並んで、茶道の世界における「三大宗匠《そうしょう》」と呼ばれています。今井宗久あたりは、安部先生がおっしゃるようにいかにも臭《くさ》そうですね。

安部―千利休も堺の商家・魚問屋（屋号はととや）の生まれですし、豊臣秀吉のもとで南蛮貿易を繰《く》り広《ひろ》げた神谷宗湛《そうたん》*8は、博多《はかた》の大豪商です。いずれも商人の元締であり、高名な茶人でもありました。

佐藤―彼らは誰《だれ》も知らない秘密をたくさん知りうる立場にいました。

安部―ええ。茶の湯はまさに秘密交渉の場ですからね。利休はそのトップに君臨し、信長や秀吉に茶道を教えていました。すなわち彼は、トップにサシで話を通せる口利《くちき》き屋、ロビイストでもあります。「あの人に頼《たの》めば信長様に話を聞いていただける」と、あちこちから口利きの依頼《いらい》が殺到《さっとう》して大変だったことでしょう。

佐藤―政治の機微《きび》に触《ふ》れる事柄《ことがら》をあまりにも知りすぎているため、ある状況《じょうきょう》においては消えてもらわなければ困ります。

安部―佐藤さんも外務省時代、そういう世界の真っただ中にいらっしゃったからよくわかるんじゃないでしょうか。

佐藤―その雰囲気はよくわかります。それにしても、千利休は実にわかりにくい歴史的人物の一人ですよね。

安部―「利休七哲」と呼ばれる7人の利休門下生のうち、5人はキリシタンかその理解者です。これも日本進出を目論《もくろ》んでいたイエズス会の企《くわだ》てを探《さぐ》るうえで、重要な事柄ではないでしょうか。

■聖餐と茶道の意外な共通点

安部―ロンドンへ出かけて散歩していたときに「どなたでもどうぞ」と書いてあったので、古い教会に入ってみました。その日はちょうど日曜日だったので、行きがかり上ミサに参加させてもらうことになったのです。ミサでは司祭が一人ひとりの口にパンを運んでくれて、聖体拝領（聖餐《せいさん》）の儀式《ぎしき》では黄金の器《うつわ》に入ったワインをみんなで回し飲みしました。

そのとき「茶道の形式はこれと同じだなあ」と思ったのです。現代の日本人の感覚からすると、先にお茶を飲んでから次にお菓子《かし》を食べますよね。ところが茶道では順番が逆なのです。お菓子から先に食べて、次に茶を飲む。それもとても濃《こ》い茶を回し飲みです。茶道の形式は、ひょっとすると聖餐のやり方を真似《まね》たのかもしれません。

佐藤― 茶道の順番は、たしかにパンを食べてからワインを飲むキリスト教と非常によく似ています。今では客先でお茶を出されると、抹茶《まっちゃ》のとき以外はお茶を先に飲んでから、あとで羊羹《ようかん》なりモナカをいただきます。茶の湯に集まったサロンのメンバーが同じお菓子を食べて、同じお茶を飲んで、共同体の一員であることを確認《かくにん》する。こうした機能は聖餐と一緒《いっしょ》です。

安部― 武者小路《むしゃのこうじ》千家の宗匠は、茶道の始まりはまさにそこだとおっしゃっている。そう聞いたことがあります。宗匠はカトリックの学校である洛星中学・高校の出身で、ミサの儀式をずっと見てきてそう確信されたそうです。

佐藤― 武者小路千家は表千家、裏千家の間にある流派です。私が昔勉強していた同志社大学のすぐそばに、武者小路千家の本家がありました。

■ 中央集権から地方分権へ、重商主義から農本主義への転換

安部― 信長と秀吉の時代から一歩先に進んで、ここからは「なぜ家康は国内統一を成し得たのか」という話題に移りたいと思います。信長も秀吉も、中央集権体制と重商主義体制を採りました。ところが徳川家康の江戸幕府は、地方分権政策と農本主義へとガラリと体制転換《てんかん》したのです。「中央集権から地方分権へ」「重商主義から農本主義」へという大転換の分かれ

目は、1600年の関ヶ原の戦いでした。このポイントを踏《ふ》まえていないと、家康が成《な》し遂《と》げた国内統一の成果ははっきりと見えてきません。

佐藤―秀吉の死後、西軍側のキーパーソンは石田三成《みつなり》でした。彼はテクノクラート（専門知識を有する高級官僚《かんりょう》）として優秀《ゆうしゅう》だったと思いますか。

安部―豊臣家を主導した有能な官僚だったと思います。

佐藤―彼は実に官僚っぽい感じがします。大本営の優秀な作戦参謀《さんぼう》みたいな感じですよね。

安部―秀吉の死後、石田三成は一時期力を失って近江《おうみ》国坂田郡（現・滋賀県彦根《ひこね》市）の佐和山に逼塞《ひっそく》します。そのあと、やがて関ヶ原の戦いで家康と対決するために、西軍の作戦参謀に迎えられました。

佐藤―石田三成は、常に家康を意識している男でした。

安部―そう思います。

佐藤―「何を所望《しょもう》するか」と言われて「家康の首だ」と答えたという伝承もあります。そんな三成は、最後は家康の命令によって首を斬《き》られてしまいました。

安部―石田三成が率いた西軍には、貿易によって利益を得る勢力が大勢いました。

佐藤―西軍はいかにも重商主義的です。家康が率いる東軍は、重商主義を廃《はい》して農本主義へと転換していきました。

■国家路線の選択の場だった関ヶ原合戦

佐藤―関ヶ原というのはとても印象的な場所です。岐阜は東日本に加えることもできれば、西日本に組み入れることもできる中間的な場所ですよね。

安部―関ヶ原にある桃配山《ももくばりやま》は、壬申《じんしん》の乱*9（672年）のときに大海人皇子《おおあまのみこ》*10（若き日の天武天皇）が兵士に桃を配った場所です。歴史上、大きな対立が起こるとよくあのへんが主戦場になりました。南北朝時代に北畠顕家《きたばたけあきいえ》*11が奥州の大群を率いて敗れたとき、主戦場になったのは青野原、今で言う関ヶ原です。

東と西の境目である関ヶ原は「不破《ふわ》の関」と呼ばれ、日本を東西に隔《へだ》てる大きな壁《かべ》でした。その「不破の関」を境目として、東日本と西日本がそれぞれまとまって対峙《たいじ》する構図が、日本史の中で何度も出てくるのです。

佐藤―関ヶ原の乱は、今になって振《ふ》り返《かえ》ると「国家路線の選択の乱」でした。

安部―まったくおっしゃるとおりだと僕は見ています。「重商主義か農本主義か」「中央集権か地方分権か」という「国家路線の選択の乱」でした。西日本は資本的に高度に発達しており、西日本の大名は重商主義の利益享受者《きょうじゅしゃ》です。ところが東日本は貿易の利益とはあまり関係ないため、重商主義ではなく農本主義で行かざるをえません。

家康は関東8カ国（相模《さがみ》・武蔵《むさし》・安房《あわ》・上総《かずさ》・下総《しもうさ》・常陸《ひたち》・上野《こうずけ》・下野《しもつけ》）に追いやられたとき、この8カ国に農本主義と地方分権のモデルケースを作り上げました。家臣には5万石とか10万石しか所領をあげなくて、みんなで競《きそ》わせながら土地開発に当たらせたのです。その手法は、関東8カ国においてみごとに成功しました。

佐藤―地方分権の典型的なやり方ですよね。

安部―この成功をモデルケースとして、「よし。これからの日本は農本主義と地方分権で行くのだ」と確信し、家康は諸大名を説得していきました。

■関ヶ原の戦いから空想する歴史の「if」

佐藤―見方によっては、関ヶ原の戦いとは、権力闘争《とうそう》の成れの果てに生じた大戦争であるかのように思えます。あの戦いで問われたのは、「日本はこれからどういう国になるべきなのか」という重大な路線選択でした。

関ヶ原の戦いをめぐって歴史の「if」を考える思考のゲームには意味があります。もしあのとき中央集権体制と重商主義のまま進んでいれば、日本はどういう国になっていたでしょう。羽田空港やお台場周辺、港区や千代田区といった都心部なんて、今でも未開の地、沼地《ぬまち》だったかもしれません。

安部一中央集権体制と重商主義の豊臣政権があのままずっと続いていたら、国家の形は全然違《ちが》っていました。

佐藤一天下統一なんてなされず、名古屋あたりまでで統治は止まっていたかもしれませんよね。東京は中央政府の統治が及《およ》ばず、今ごろ圏外《けんがい》の地だったかもしれないのです。そうであれば、西日本に限った小さな国家が近代化しただけだったでしょう。そのうちロシアが北海道から進出してきて、未開の地である東日本を占領《せんりょう》していたかもしれません。静岡あたりまではロシア領で、関ヶ原を境に西日本とロシア領がにらみ合う（笑）。そんな歴史の「if」は、あながち妄想《もうそう》ではないのです。

■秀吉から自刃を命じられた不運の豊臣秀次

佐藤一私が今ひとつよくわからないのは、秀吉が養子である豊臣秀次《ひでつぐ》に対して、なぜあそこまで厳しく出たのかということです。

安部―豊臣秀次は関白にまでなったものの、秀吉に次男・秀頼《ひでより》*12が生まれると、高野山に追放されてしまいました。最後は秀吉から切腹を命じられています。

佐藤―世間的なイメージでは秀頼かわいさということなのでしょう。だけど、それだけの理由では、あそこまで徹底《てってい》的に家族を排除《はいじょ》することはありません。

安部―朝鮮出兵と明国《みんこく》出兵を見据《みす》え、秀吉は肥前《ひぜん》国の名護屋《なごや》城（現・佐賀県唐津《からつ》市）に移ります。でも朝廷には「関白在職者は京都にいなければいけない」という不文律があるのです。自分が関白在職のままだと、名護屋城へ移って朝鮮出兵の陣頭《じんとう》指揮を執《と》ることができません。

そこで関白の座は秀次に譲《ゆず》り、自分は太閤《たいこう》という立場で秀次をコントロールすればいいと考えました。ところが実際に秀吉が名護屋城へ移ると、秀次中心の体制が京都にたちまちできあがってしまったのです。

佐藤―なるほど。その説明はすごく合理的です。律令制のもとでは、権力は人につくのではなくポストにつきます。封建《ほうけん》制であれば、権力はポストではなく人についていたことでしょう。秀吉が敷《し》いたのは封建制ではなく律令制だったため、権力は秀吉という人物にはひもづかず、秀次のもとへ移ってしまいました。

律令制はドライですから、いくら今まで秀吉が最高権力者だったからといって、関白から退任したあとも秀吉が権力を握《にぎ》り続けられるわけではありません。

安部―秀次に権力がすっかり移行したことに気づいた秀吉は「危ない。このままでは自分は追い出される」と危機感を抱《いだ》いたのでしょう。

■権力がポストにつく律令制　権力が人につく封建制

佐藤―「権力が人につくかポストにつくか」という問題は、ロシアのプーチン大統領を見ているとよくわかります。２００８年に大統領の任期を満了《まんりょう》するとき、プーチンは「リタイアしたあとはロシアの国家体制について研究したい」と、学究生活に入る意向を表明しました。

ところが大統領の任期満了直前になって、ロシア首相《しゅしょう》として政治の世界にい続けると路線転換するのです。ロシアにおいては権力は人にはつきません。権力はポストにつきます。ですから「無役になったら危ない」とピンと来たのでしょう。プーチンも秀吉と同じことを考えたのです。

律令制という選択を採っている以上は、一人の権力者がいつまでもカリスマとして支配を敷き続けることはできません。「律令」と言うくらいですから、律令制とは要するに「法の独裁」なのです。

封建制であれば権力が人についていますから、カリスマ的な主君と家臣が一対一の関係ですよね。浅野《あさの》内匠頭《たくみのかみ》（浅野長矩《ながのり》）と家臣との関係は封建的な主従関係ですから、赤穂浪士《あこうろうし》の討《う》ち入《い》りみたいなことが成り立つのです。権力がポストにはつかず、人につく。属人的な要素がとても強くなるのは、封建制の必然なのです。

■琉球の廃藩置県が二段階だった理由

安部― 関ヶ原の戦いは「重商主義か農本主義か」という国の行く末を決める合戦でした。この戦いに勝った家康は、自分が理想とする国内統一を成し遂げていきます。

佐藤― 家康の中には、すでに関東8カ国の統治でつかんだ小さな成功体験がありました。「ああ、このやり方でシステムはうまく回る。みんなを競わせればいいのだ」と気づいた家康は、江戸時代になると国替《くにが》えをしょっちゅうやりました。265年にわたって平和な時代が続いた江戸時代はけっして停滞《ていたい》していたわけではなく、内部ではけっこう厳しい競争が展開されています。

安部― 各地の大名は、中央政府から領地を預かっているだけですからね。「国替えだ」と突《とっ》然《ぜん》命令が下れば、愛媛県知事が福岡県知事に乗《の》り換《か》えるような感じです。

佐藤―吉良上野介《きらこうずけのすけ》を襲《おそ》う討ち入りが起きた赤穂城《あこう》（現・兵庫県赤穂市）なんて、まさにそういう城でした。

安部―国替えをするときには、幕府の使者が立ち会って引《ひ》き渡《わた》しの仲介者《ちゅうかいしゃ》をやるわけです。備品は全部リストに書き出されて引き渡され、鍋釜《なべかま》ひとつ自分のものにはなりません。

佐藤―備品は全部貸与《たいよ》されたものです。

安部―土地ももちろん自分のものではありません。土地をもっている武士なんて誰もいません。土地はお上から預かっているものなのです。江戸時代の日本では、完全な公地《こうち》公民制が敷かれました。

佐藤―だから明治維新が起きたあと、版籍奉還《はんせきほうかん》をやらなければいけなかったのですよね。

安部―おっしゃるとおりです。江戸幕府から預かっていた土地（版）と民衆（籍）を、各地の大名はいったん朝廷に返還《へんかん》しなければなりませんでした。

佐藤―この版籍奉還のときに、琉球だけは琉球《りゅうきゅう》藩を作るのです。どうしてかというと、琉球には江戸幕府から預かっているものがありません。返すものがないということで、琉球王国はいったん琉球藩として編成されました。琉球以外の地域では廃藩置県ができても、いきなり沖縄県を設置することはできなかったのです。

まず琉球王国から琉球藩に変わった短期間を経て、そのうえで琉球藩が沖縄県へと再編成されました。琉球処分が完成するまで（明治12年＝1879年）、沖縄では二段階の手続きが必要だったのです。

■備品一つまで台帳で管理されていた江戸時代

佐藤―これはサブカルチャーの豆知識ですけれども、赤穂浪士や忠臣蔵《ちゅうしんぐら》のドラマでは、国替えのときになされる備品引き渡しのシーンが詳細《しょうさい》に出てきます。鎧《よろい》から釜《かま》まで、備品は一つ残らず後を継《つ》ぐ藩に引き渡さなければなりません。

安部―役所の備品台帳そのものです。「渡《わた》すべき備品はこれで全部です」とサインをして後任に引き渡し、次の任地へ引《ひ》っ越《こ》すと、そこでもらえるものは備品台帳なり土地台帳に書いてあります。

佐藤―土地も道具も、全部貸与されるのですよね。

安部―そうです。このシステムは、社会主義にきわめて近いと思いませんか。

佐藤―たしかにそうですね。すべてのものが貸与されるシステムは、私がかつて暮らしていた東京拘置所《こうち》と同じです。官から貸与されたものは、石鹸《せっけん》1個から歯ブラシ1本に至るまで、シャバに出てくるときに全部置いていかなければいけません。

ところで秀吉の太閤検地から江戸時代に至るまで、基本的に検地の測量数値は変わっていませんよね。

安部―ええ。基本的に数値はそのままです。

佐藤―ということは、農民の生産性が上がって米の収穫量《しゅうかくりょう》が増えると、余剰《よじょう》分は領主のポケットにそのまま入るのです。江戸時代には、敢《あ》えて太閤検地の数値をそのままにしておくことによって、すごいインセンティブ（歩合金《ぶあい》）がありました。そのかわり農民が怠惰《たいだ》に仕事をしていると、検地の数字は昔のままですから、領主の取り分は減ってしまいます。

安部―ときどき抜《ぬ》き打《う》ちで検査が入って「今までは10万石だったけど、お前のところは10万5000石になっているじゃないか」と、石高《こくだか》が高上がりすることもあったようです。

佐藤―抜き打ち調査があったとしても、微修正《びしゅうせい》程度だったのでしょうね。

安部―幕府から派遣された役人が、関八州見回りみたいにときどき調べたくらいだったかもしれません。

佐藤―そもそも外様《とざま》大名のほうが過大評価になりますから、外様大名からはたっぷりと税金を取らなければいけません。旗本は格式は高いのですが、石高は低いのです。

安部―老中がそうですよね。老中になっている人は位は上なのですが、石高は5万石とか7万石です。１００万石の大名が老中になったりはしません。そこはバランスを取っているのです。地位が高い人間は小禄《しょうろく》（わずかの禄高《ろくだか》）でいい。地位が高くて禄が大きいと……。

佐藤―権力が集中しすぎますからね。そういう場合は何らかの難癖《なんくせ》をつけて、家ごと潰《つぶ》して権力を収奪《しゅうだつ》しなければなりません。

■マキャベリ『君主論』が強調する「追従する部下には気をつけろ」

佐藤―寺社奉行《ぶぎょう》を置いて檀家《だんか》制度を作ったことは、徳川幕府が敷いた一連の統治体制の中で重要なポイントです。これによって、各地の寺がインテリジェンス機能を担《にな》うようになりました。江戸時代には日本国内にキリシタンがいませんでしたから、寺が情報機能を果たし、監視《かんし》機能も果たし、教育機能までも果たしています。

寺は知力を蓄《たくわ》え、武力までも蓄えていました。その寺が権力に対して反抗《はんこう》してこないようにするためには、定期収入を確保させて、制度内で安楽に生きられる状況を作ればいい。宗教を骨抜《ほねぬ》きにするためにいちばん良い方法は、徹底的に優遇《ゆうぐう》することなのです。家康はすごい智慧《ちえ》を発揮しました。

安部─ 金地院崇伝《こんちいんすうでん》（以心崇伝《いしん》）とか天海僧正《てんかいそうじょう》とか、家康は有能なブレーンを脇《わき》につけて、その人たちの言うことによく耳を傾《かたむ》けました。

佐藤─ 家康には、側近やブレーンが言うことにじっと耳を傾ける辛抱強《しんぼうづよ》さがありましたし、「オレが全部決める」という独裁型ではなく調整型のリーダーです。

安部─ 家康が出席している御前会議《ごぜんかいぎ》の場でも、重臣たちが言いたい放題言える雰囲気があったはずです。

佐藤─ 重臣は好き勝手に言いたい放題言うんだけど、たぶん家康のあの感じだと、その場でははっきり反応しなかったでしょうね。決断するときには一人で決めて、一度決めたら決断の内容を変えない。

マキャベリは*13『君主論』の「追従《ついしょう》をどう避《さ》けるか」という章（第23章）で、君主の生き残り方について書いていています。追従とはおべんちゃらのことです。

安部─ それはおもしろい。家臣のおべんちゃらについて、マキャベリはなんと言っているのですか。

佐藤─ すべての人に身勝手に全部意見を言わせると、そのうち誰も君主のことを怖《おそ》れなくなる。これは危険である。それぞれの分野の専門家に、自由に意見を言わせる。そのとき少しでもおべんちゃらを使ったり追従する者がいれば、露骨《ろこつ》に嫌《いや》な顔をするのだ。そしてその意見に対して、その場ではすぐに反応しない。自分の中で「これだ」と決めたあとは、たとえあとで「あの決断は間違《まちが》いだったかもしれない」と思っても、けっして判断を変えない。こうすれば権力を維持《いじ》できるのだ――マキャベリは『君主論』でこういう指南をしているのです。

安部―そうなんですか。それはおもしろい話だなあ。家康はマキャベリが『君主論』で喝破《かっぱ》した将軍学を、本能的に自然に身につけていたのですね。

■信長は直線的、秀吉は多角的、家康は螺旋的

佐藤―長い間人質《ひとじち》に取られていたり、自分の妻を殺さざるをえないといった想像を絶する過酷《かこく》な状況の中で、家康はインテリジェンスの力を最大限に駆使《くし》してさまざまな情報を入手しました。どんな情報が外部からもたらされても、動揺《どうよう》したり喜んだり、いちいち顔には表さない。一喜一憂《いっきいちゆう》を顔に表すと、命の危険につながりますからね。

絵師によって描《えが》かれた家康のさまざまな肖像《しょうぞう》画を見ると、目に特徴《とくちょう》があると思いませんか。あの目は、何を考えているのかちょっと測りかねます。ヤギや魚の目みたいな感じですよね。いったいこの人は何を考えているのか、全然わからない。その点、信長の目は凛々《りり》しくて鋭《するど》

い。まばたきひとつで、まわりの人間が震《ふる》え上《あ》がる雰囲気がにじみ出ています。外部からは何を考えているのかわからないようにしないと、家康は生き残れなかったのだと私は思うのです。

安部―特に若いころの人質時代は、危機的な日々が延々と続きました。

佐藤―我々の人生に照らして考えてみても、若いころの経験はのちのちまで決定的な影響《えいきょう》を及ぼします。

安部―若いころ人質にされたひどい経験を経て、家康はわずかな灯火のような小さな成功体験を、いくつもいくつも積み重ねていきました。僕はよく「信長は直線的、秀吉は多角的、家康は螺旋《らせん》的な人物だ」と言います。

佐藤―それは作家ならではのすばらしい表現ですね。たしかに、家康は螺旋的な人物です。

安部―同じ場所に立っているようでいて、時間の経過とともに螺旋階段を昇《のぼ》るように上へ上へと昇っている。小さな成功体験をコツコツ積み重ねて、時間の経過とともに成長する性格なのです。

佐藤―家康は小さな成功体験の重みを、皮膚《ひふ》感覚でよくわかっていました。

安部―しくじって失敗する部下がいると、普通《ふつう》は「なんであんなヤツを重用するんですか!」

とライバルが足を引っ張ります。すると家康は「いや、まあ待て。あと10年経ったら、あいつはオレの息子《むすこ》の秀忠《ひでただ》*14の補佐役として、きっと立派な働きをするようになる。10年先まで待っていろ」と言ったという語録が残っています。つまり家康は、「今」を基準に物事を考えない。時空を超《こ》えて先の先まで見通しているのです。

佐藤─それはとても目的論的な考え方です。未来から現在を振り返る。未来の着地点を見据えながら、現在の自分の立ち位置を判断する。信長はとにかく「今」を一生懸命生きる「プロセスの中を走る人」という感じがします。秀吉は現在で言うところのＡＤＨＤ（注意欠《けつ》陥《かん》・多動性障害《たどうせいしょうがい》）、多動的な感じですよね。思いついたことは、何でもどんどんやっちゃう。そのかわり、すごく気は利《き》きます。異様なまでの秀吉の関心の広さは、完全に多動です。

安部─秀吉はムチャクチャ頭が良くて、１を聞いたら１００を知るのです。

佐藤─ものすごい勢いであれこれ手がける多動なんだけど、そのやり方で成功すれば「あの人物はとてつもない才能がある。天才だ」と評価されるわけですよね。同じ車でも、耕運機とスーパーカーがあります。耕運機で高速道路に乗り入れれば、命の危険がありますよね。でもスーパーカーでは田んぼの中は走れません。田んぼを走るためには、スピードが遅《おそ》くて力がある耕運機のスペックこそが強いわけです。

どういうパーソナリティの人物がリーダーにふさわしいかは、その人が置かれた場所によって変わってきます。時代に呼ばれているかのごとき秀吉のパーソナリティは、あの時代にうまくハマって天才と見られました。でも時代状況がちょっと異なると、ただの変な人だとバカにされて終わったはずです。

時代が変化する前の信長は、たわけ者と思われていました。その時代が急速に変化する中で、信長というパーソナリティの居場所ができていったのです。

今で言うと、家康の性格はいわゆる「ネクラ」な感じでとらえられていたと思います。自分の考えを外に向かってろくに言わないし、ひたすら内にこもっている感じしかまわりには与えない。そうやって余計なことを口走らず、短兵急《たんぺいきゅう》な行動を取らず慎《つつし》んだおかげで、長い人質の期間を耐《た》えられたのでしょう。

安部一長い人質の期間をひたすら耐え忍《しの》ぶために、敢えてそうした人格を築き上げていったのかもしれません。

■ 8歳から19歳まで人質に取られていた家康の胆力

佐藤一人質時代の家康は、毎日さぞかし怖《こわ》くて怖くて仕方なかったはずです。あの時代に人質に取られているということは、今で言う確定死刑囚《しけいしゅう》みたいなものですからね。明日首を斬られるかもしれない緊張《きんちょう》の中で、家康は毎日を過ごさなければいけませんでした。

安部―8歳から19歳まで人質に取られていたわけですから、この経験は決定的です。

佐藤―8歳から19歳ということは、今の感覚で言うと小学校から始まって、社会で中堅《ちゅうけん》社員になる35歳くらいまでというイメージです。当時の19歳は、もう立派な若手でした。

安部―10年以上にわたる過酷な逆境が、家康をあの特異な性格に育て上げたのではないでしょうか。

佐藤―一般《いっぱん》論としては、逆境はあまり人を強くしないのですけどね。逆境のせいで潰れちゃう人が多いですから。

安部―天下取りを目指していたのは、家康一人ではありません。天下取りという壮大《そうだい》な目標に向かって、家康は目的論的に人生を歩んでいました。

佐藤―当時の戦国大名は、みんな家康と同じく天下取りの目標をもっていたはずです。今の国会議員の中に、野党を含《ふく》めて「内閣総理大臣にはなりたくない」と思っている政治家はいません。最近はチャラチャラした議員がチラホラいますから、「自分の到達《とうたつ》地点は今くらいでちょうどいい」と思っている議員も少しはいるとは思いますけど、ほぼ一人残らず「自分は総理になりたい」と思っていると断言できます。それくらい権力欲がなければ、日常の政治活動なんてやっていられません。それと同じように、戦国大名も誰もが「我こそは天下を取るのだ」という燃えるような野望を抱いていました。

安部―とにかく生き残らなければ、天下を取るどころか敵対勢力から潰されてしまいます。生き残り競争の最後の勝者は、毛利とか上杉、北条などに限られていきました。望むと望まざるとにかかわらず、あの時代は「屈服《くっぷく》するか戦い続けるか」のどちらかしかなかったのです。

佐藤―毛利の名前が出てきましたけど、そういえば「戦国武将の中で毛利みたいになりたい」と言う人はあまりいないですよね。どんなに卑劣《ひれつ》な手段を使っても、最後まで生き残れればいい。そんな毛利の生き方は、現在を生きるビジネスパーソンのお手本にはなりません。

安部―僕は今、地方紙で家康の生涯《しょうがい》を大河小説に書《か》き綴《つづ》っています（2020年5月現在「家康3　知命篇《へん》」を連載《れんさい》中。「自立篇」「不惑《ふわく》篇」はすでに単行本化）。家康の旗印は「厭離穢土《おんりえど》欣求《ごんぐ》浄土《じょうど》」でした。

佐藤―「煩悩《ぼんのう》にまみれた汚《よご》れた現世（穢土）を忌《い》み嫌《きら》い、極楽浄土《ごくらくじょうど》を願い求める」という意味ですね。

安部―家康が桶狭間《おけはざま》の戦い（1560年）で負けたとき、三河国（現・愛知県東部）にある大《だい》樹《じゅうじ》寺の先祖の墓の前で腹を切ろうとしました。そのとき大樹寺の和尚《おしょう》から「ここで死んだと思って、もう一遍《いっぺん》お前の理想のとおりに生きてみたらどうだ」と説得されるのです。「死んで極楽浄土へ行けばいいのではない。煩悩にまみれたこの世を浄土に変えていくことこそ、我《わ》が使命なのだ」。人質から解放された19歳のとき以来、家康の中にはこの初心がずっとあったと思うのです。その初心が、江戸幕府の幕藩体制《ばくはんたいせい》の中で絶妙《ぜつみょう》な形で実現されました。

とにかく戦《いくさ》がない。誰もが毎日ご飯を食べられて、格差が少ない。そういう社会こそ、家康にとって理想的な「厭離穢土欣求浄土」でした。このような社会を実現するためには、農本主義でやっていくのがいちばんいいのです。農本主義であれば、個々人の能力の差による社会的格差はあまり生まれません。重商主義の世の中だと、格差はムチャクチャ生じてしまいます。

佐藤―今で言う新自由主義的な社会では、「1%の富裕層《ふゆうそう》と99%のその他大勢」みたいにいびつな格差が生まれてしまいますからね。家康が実現した社会は、新自由主義とは対極的なものでした。

■ 高度経済成長期まで農本主義だった日本

佐藤―戦後に実現した日本の高度成長経済も、江戸時代と連なる農本主義でした。どういうことかというと、トランジスタラジオを開発したからといって、技術者が莫大《ばくだい》な特許料をもらえるわけではありません。自動車やバイクを設計したからといって、設計者が莫大な報酬《ほうしゅう》をもらえないわけです。

莫大な利益は、会社にプールされて社員に再配分されます。一部の超《ちょう》優秀な技術者とその他の社員の生涯賃金には、ほとんど開きはありません。そのかわり、会社に貢献《こうけん》したスーパーサラリーマンは「名誉《めいよ》」という形で報《むく》われたのです。

終身雇用《こよう》・年功序列制の会社員は、子どもが育って住居費や教育費など一番オカネが必要なときに、最もたくさんの給料をもらえます。加齢《かれい》とともに生産性は当然低くなっていくはずなのに、給料は反対に高くなっていく。能力給ではなくて、身分給みたいな感じです。働き終わって隠居《いんきょ》したあとは、死ぬまでずっと年金が支給される。こうした社会は、完全に農本主義のモデルです。

安部　江戸幕府の武士階級の生き方がモデルとなって、戦後の終身雇用・年功序列制が組み立てられたのかもしれません。

佐藤　１９７０年代まで、証券市場は「株屋」と言われました。そこは普通の人が足を踏み入れる場所ではなかったわけです。梶山季之《かじやまとしゆき》の小説『赤いダイヤ』（集英社文庫）では、株や先物取引を扱《あつか》う市場はきわめていかがわしい世界として描かれました。とても子どもを近寄らせるような世界ではない。そう思われていたわけです。

額に汗《あせ》して働く1000円と、株で儲《もう》ける1000円はまったく価値が違う。株で儲ける1000円なんて、パチンコで儲ける1000円と同じようなものである。70年代まで、日本ではこういう雰囲気が漂《ただよ》っていました。これまた農本主義の考え方です。

安部―佐藤さんは1960年生まれ、僕は1955年生まれです。僕たちより上の世代は、今でもそういう感覚をもっているのではないでしょうか。

佐藤―その感覚を、今もう一度取《と》り戻《もど》す必要があると思うのです。学生がちょっとスマートフォンをいじって「FXで10万円儲けました」と喜んでいるのと、コンビニで時給930円のバイトをやって10万円を稼《かせ》いだのとでは、10万円の重みがまったく違います。

安部―時給930円のバイトでコツコツ稼ぐ。そういう生き方の基本は、江戸幕府の農本主義にあります。農本主義の土台の上で、誰もが平等に食える。それが江戸幕府の農本主義、地方分権主義の特徴です。

佐藤―極端《きょくたん》に豊かな人もいないけれども、極端に貧しい人もいない。それが江戸時代の特徴です。江戸時代の封建領主は、もちろん平時には年貢《ねんぐ》を取り立てます。でもひとたび飢饉《ききん》になったときには、封建領主は民衆のために備蓄米《びちくまい》を惜《お》しまず放出しました。
安部― 大名たちは領地を幕府から預かり、天皇から預かっていると考えていました。その領地で暮らす民衆が平和に暮らせるように、統治の良さを競《きそ》い合《あ》っていたのです。

■村ごと夜逃げしても許された農民の強さ

佐藤― 農本主義のもとで生きる民衆には、いざとなったらケツをまくってしまう生命力とたくましさがありました。「こいつはろくでもない領主だから逃《に》げるべ」とみんなで相談し、村全員で夜逃げすることがときどきあったのです。
安部― そんな自分たちを受け入れてくれる別の藩を、あらかじめ見つくろってコッソリ話をつけておくのですよね。新田開発をやっているような藩は、人手がほしくてしようがないわけですから。
佐藤― それである晩、みんなでパッといっせいに逃げちゃう。夜逃げして新しい村に入ると、そこには昨日まで住んでいた藩の統治権は及びません。
安部― いったん国境をまたいで亡命に成功すれば、警察や軍隊が無理やりその人を連れ戻すことはできません。

佐藤―そういう裏技《うらわざ》もオプションとしてあるので、あまり苛斂誅求《かれんちゅうきゅう》（むごく厳しく取り立てること）でメチャクチャな形で年貢を取り立てることはできないのです。その点、現代の税務当局は苛斂誅求ですよね。だって今の最高税率は45％でしょ。住民税を含めたら55％です。

安部―我々作家は、まかり間違って本がバカ売れしてベストセラーになると、たちまちそういう税率に跳《は》ね上《あ》がっちゃいます（苦笑）。

佐藤―しかも原稿《げんこう》料のうちの消費税は、あくまでもいったん預かる金額ですよね。その消費税は、出版社から受け取ったらそのまま税務当局に横流しで納めなければなりません。その消費税率が8％から10％に上がったわけですから、額面で1万円の原稿料をもらっても、最終的に3300円くらいしか手元に残らないのです。この税率は「六公四民」以上ですよ。「六公四民」なんて非情な税率は、江戸時代にすらありません。

そう考えると、江戸時代の「四公六民」とか「五公五民」のころは良かったですよね（笑）。しかも反対給付もあるわけですから。石高には若干《じゃっかん》の見直しがありますが、基本となるベースの台帳は、秀吉が行った太閤検地です。だから赤穂藩みたいに塩を作って大儲《おおもう》けしている藩であっても、余剰分の売上は石高には加算されません。そこが江戸時代の経済システムのおもしろさでもあるのです。中央政府が上に君臨してガッチリ統治しているようでありながら、実際は地方分権主義が隅々《すみずみ》にまで浸透《しんとう》していて、現場では適宜《てきぎ》競争がある。

これは日本の会社とよく似ていると思うのです。ビジネスパーソンは会社第一の生き方をしていて、会社の秘密はやたらと外には漏《も》らしません。「日本社会は競争がなくていいね」なんて言う人がいますが、実は同じ会社の中では熾烈《しれつ》な出世争いがあります。これは江戸時代の仕組みとよく似ているのです。

安部―そういう競争の仕組みを適宜組みこみながら、江戸時代は265年の長きにわたって続きました。これだけ長く同じ体制下で平和が続いた例は、世界でも珍《めずら》しいのではないでしょうか。

佐藤―「パクス・ロマーナ」(ローマ帝国《ていこく》による平和)ならぬ、「パクス・トクガワーナ」(徳川幕府による平和)の時代が日本に到来《とうらい》しました。飢饉があってピンチに陥《おちい》ったときには、蔵《くら》を惜しみなく開放して福祉《ふくし》を強化する。みんなが安定的に平和に生きていけるように、中流階層を底上げしようという発想もある。こういう生産の思想は、農本主義だからこそ生まれてきたのです。

第8章　現代に生きる徳川家康

超高齢社会が到来して、
深刻な崩壊が進行している日本——。
グローバル企業の役員報酬が上がることよりも、
いまこそローカルなところを強化する。
まさに、家康が行った「重商主義から
農本主義」を重視すべきときではないか。

■大江健三郎『万延元年のフットボール』と高橋和巳『邪宗門』

佐藤――信長・秀吉の時代に作られた中央集権体制と重商主義が、家康によって地方分権体制と農本主義へと大転換《だいてんかん》していったことについて、ここまで詳《くわ》しく語り合ってきました。近代日本の国作りの原型は、すでに江戸《えど》時代に作られていたと言えます。

安部――かつて盛《さか》んだった全共闘《ぜんきょうとう》運動や日本の社会主義運動は、農本主義への回帰だったように僕は思うのです。高度経済成長に伴《ともな》って、戦後日本は重商主義と中央集権体制への揺《ゆ》り戻《もど》しがありました。みんな無意識のうちにそれに嫌気《いやけ》がさし、社会主義と農本主義を重ね合わせていたのではないかと思うのです。

佐藤――大江健三郎さんが書いた『万延《まんえん》元年のフットボール』（講談社文芸文庫）という作品を読むと、その雰囲気《ふんいき》がよくわかります。農村地帯に「スーパーマーケットの天皇」と呼ばれる在日朝鮮人がいるのです。「スーパーマーケットの天皇」が推《お》し進《すす》める商業志向に対して、古くから農村で暮らす民衆には強い抵抗《ていこう》感と忌避《きひ》感があります。その話と江戸時代の万延元年に起きた一揆《いっき》の話が、小説の中で合わさって描《えが》かれるのです。

安部――日本には律令制《りつりょうせい》の時代から、ソ連でいうところのコルホーズ（協同組合の集団農場）

とソホーズ（国営農場）がありましたよね。その農場で仕事をする農本主義への憧憬《しょうけい》が、全共闘運動の学生たちの脳内に渦巻《うずま》いていました。

佐藤―1967年に出版された『万延元年のフットボール』は、全共闘運動をやっていた学生たちに非常によく読まれました。同時代（65～66年）に「朝日ジャーナル」で連載《れんさい》された高橋和巳さんの『邪宗門《じゃしゅうもん》』（河出文庫）にしても、モデルとしては戦時中に大弾圧《だいだんあつ》された大本《おおもと》（いわゆる大本教）を扱《あつか》ってはいますが、大本だって強力な農本主義と世直しに邁進《まいしん》したわけです。関ヶ原の戦いで真っ向から衝突《しょうとつ》した農本主義と重商主義の戦いは、今も続いているのです。

安部―むしろこれから、そこはもっとアグレッシブな議論へと発展するかもしれません。現代のシステムが破綻《はたん》したとき、国民全員が食っていける体制をどうやって再構築すればいいのか。その問題に直面したとき、人々は重商主義のやり方にソッポを向くと思うのです。

■東京都が私立高校無償化へ踏み切った意義

佐藤―GAFA（Google, Apple, Facebook, Amazon）みたいなグローバル企業《きぎょう》の役員の年収が、50億円から100億円へ倍増したとしましょう。GAFAが世界市場で急成長したところで、末端《まったん》で働く労働者の富なんて全然増えやしません。GAFAはイノベーションの電源地であるともてはやされているわけですが、実はイノベーションなんて全然起こしていないのではないか。雇用《こよう》を創出し、豊かな富を人々に分配できないのであれば、そんな世界企業にどれほどの存在価値があるのでしょう。

ローカルなところで年収200万円の人を300万円に伸《の》ばし、年収300万円の人を350万円へと一歩前進させていく。こっちのほうこそ、99%の民衆から収奪《しゅうだつ》することによって潤《うるお》っているGAFAのような世界企業より、よほど存在価値があると思うのです。

カネボウやJALを再生した冨山和彦《とやまかずひこ》さん（株式会社経営共創基盤の代表取締役CEO）は、そうしたことの重要性をすごく強調しています。彼は「みちのりホールディングス」という会社を率いて、岩手県北自動車や福島交通、会津《あいづ》バスや関東自動車、茨城交通といったバス会社の再建に果敢《かかん》に取り組んでいるのです。

200万円台の年収で生活している若い人たちを、どうやって300万円台に乗せていくか。300万円台の年収の人を、どうやって400万円台に乗せていくか。非正規雇用で働く地方都市の労働者は、年収が200万円までいきません。手取り190万円だったりします。

もしその年収が300万円台まで伸びれば、共働きならば結婚《けっこん》もできるし子どももてます。年収300万円ある人が400万円になれば、夫婦で世帯所得は800万円です。幼児教育や給食費が無償《むしょうか》化され、子どもの医療《いりょう》が無償化されればなおいい。奨学金《しょうがくきん》制度を充実《じゅうじつ》させれば、子どもは安心して大学へ進学できます。農本主義の考え方に回帰すれば、GAFAのようなグローバル企業に対抗《たいこう》する社会を構築できるのです。

安部—「シリコンバレーのIT企業はすばらしい」「GAFAバンザイ」と手放しで喜んでいるうちに、グローバル経済から取り残された人たちは食えなくなっていきます。

佐藤—都議会公明党の主導により、2017年から東京都で私立高校の授業料が無償化されました。当初は年収760万円未満の世帯が対象でしたが、2020年からは年収910万円未満へと対象が拡充《かくじゅう》されています。

東京都の授業料無償化がどういう人たちをターゲットに入れているかというと、世帯所得が800万円台の人たちなのです。私立高校の授業料がタダになれば、世帯年収がこのくらいの家庭の子どもにも手が届きます。こういう政策によって教育の機会均等が保障され、私立高校でしっかり教育を受けて巣立った子どもたちが、やがて社会間格差を解消する切り札になっていくのです。

■国家神道へ回帰しようとしていた森友学園の危険性

佐藤──日本人の民族的自画像について考えるとき、どうしたって天皇を避《さ》けては通れません。万世一系《ばんせいいっけい》神話など、天皇家をめぐってはさまざまな神話が語《かた》り継《つ》がれてきました。我々が気をつけなければいけないのは「神道は宗教たれ」という方向性です。

宗教としての神道は、さまざまな日本の習俗《しゅうぞく》と結びついて親しまれてきました。それは構わないのですが、明治以降にできた国家神道による事実上の国教化はまずいのです。「これは臣民《しんみん》の慣習であるから、すべての人間が拝め」と言って、宗教性を隠蔽《いんぺい》する形で神道を国教化してしまいました。敗戦によって国家神道の誤りははっきりしたはずですが、今になって再び国家神道が復活する危険性は常にあるのです。

2020年初頭に『国策不捜査 「森友事件」の全貌《ぜんぼう》』(籠池泰典・赤澤竜也著、文藝春秋)という新刊が出版されました。この本を読むと、日本会議と生長の家というバックグラウンドをもつ籠池さんが、どういう学校を作りたかったのかがよくわかります。

安部──籠池さんが目指したのは、まさに国家神道の復活です。

佐藤──そういう動きに対して、無自覚のままボケッと見過ごすようではいけません。「森友学園の土地売買に際して、あの異常な割引はおかしい」『安倍晋三記念小学校』という名《めい》称《しょう》には問題がある」といった議論は、あくまでもわきの問題です。いちばん本質的な問題は、籠池さんが「神道は宗教にあらず」という教育をしていたことでしょう。

安部―子どもたちに教育勅語《ちょくご》を読ませ、まさに「臣民の慣習」として神道を肌《はだ》になじませる教育でした。

佐藤―こういうやり方は日本国憲法違反《いはん》だし、教育基本法違反でもあります。戦前の価値観に引《ひ》き戻《もど》すというよりも、いよいよ煮詰《につ》まってきた1930年代のころの日本に引き戻そうとしている感じです。

安部―99年に『国民の歴史』(西尾幹二著、産経新聞社)という本が出版され、ベストセラーになりました。最近では『日本国紀』(百田尚樹著、幻冬舎)という本も出ています。国家神道を正当化する戦前の価値観に回帰しようという誤った動きは、敏感《びんかん》に注意しなければいけません。

佐藤―優《すぐ》れた歴史小説家は、そうした流れには絶対にくみしません。歴史のおもしろさ、人物を描く仕事に徹《てっ》する歴史小説家は、空虚《くうきょ》なイデオロギーに対する耐性《たいせい》が強くあります。

安部―「あなたは天孫降臨《てんそんこうりん》を信じていますか。万世一系を信じていますか」という設問をすれば、ほとんどの歴史学者や歴史小説家は「いいえ、そんなものは信じていません」と答えるでしょう。

■世界最後の皇帝となった日本国天皇

佐藤――国家神道に加えて、私には「宗教的に中立の追悼施設《ついとうしせつ》」なんてものへの怖《こわ》さがあるのです。「靖国神社《やすくにじんじゃ》に替《か》わる宗教的に中立の追悼施設を造ろう」と言うと、リベラルな人たちが意外と賛成の方向に向かいます。でも追悼という行為《こうい》が、はたして宗教的に中立でありうるのでしょうか。「二礼二拍手一礼《にれいにはくしゅいちれい》」をやらないからといって、宗教的に中立でありうるのか。一礼でペコリと頭を下げただけでも、宗教行事と言えるのではないでしょうか。

死者の霊《れい》を想定するからには、必ずそこに宗教的な要素が入りこんできます。ロベスピエール[*1]が「理性の殿堂《でんどう》」を造ったのと一緒《いっしょ》で、「ここは宗教的に中立な施設だから拝みなさい」なんて言ったら、そこが事実上の国教になる可能性はいくらでもありますよ。

宗教とは何なのか、私たちは一歩も二歩も引いて冷静に考えなければいけません。天皇の代替《だいが》わりにおいても、共和制についての議論はまったく出てきませんでした。これは人々の間で天皇が内在化している証《あかし》かもしれません。

安部――そこは非常に大事な論点のはずなのに、天皇制をめぐってみんな判断停止、思考停止しているのです。外国人から「天皇とは何ですか」と質問されたとき、ちゃんと答えられる日本人はほとんどいないと思います。

佐藤―「King（王）とEmperor（皇帝）の違《ちが》いは何ですか」という質問にも、大半の日本人が答えられないはずです。天皇は英語でEmperorと訳されます。今国際社会で皇帝と認められているのは、実は天皇一人しかいません。Kingはいても、Emperorは天皇しかいないのです。1974年、クーデターによってエチオピアのハイレ・セラシエ皇帝*2が失脚《しっきゃく》しました。これによって、世界にEmperorは天皇ただ一人だけになったのです。

ちなみに、皇室の人たちは「8・8・8・6」のリズムの琉歌《りゅうか》を勉強し、毎年琉歌を詠《よ》みます。琉球語《りゅうきゅうご》は、本土で使われる日本語とは別言語です。その琉球語を勉強している人は、日本にはほとんどいません。ところが天皇家だけは、今でも琉球語をたいせつにして勉強しているのです。なぜか。国家統合のために琉球語が必要だからです。

2019年2月24日、本土では天皇在位30年記念式典が開かれました。沖縄県では、ちょうどあの日に米軍普天間《ふてんま》飛行場の名護市辺野古《へのこ》への移設をめぐる県民投票を実施《じっし》しているのです。そんなおめでたい日に敢《あ》えて政治行事をぶつけてくるなんて、ほかの都道府県では絶対ありえません。でも天皇・皇后や皇族が琉歌を詠み、琉球語をたいせつにしているおかげで、皇室は沖縄を束ねる役割を果たしています。

天皇在位30年記念式典では、沖縄県出身の歌手・三浦大知さんが、天皇・皇后（現在の上皇・上皇后）が作詞作曲した沖縄の歌を披露《ひろう》しました。同じ日に沖縄では政治的な県民投票が行われているのに、皇室は琉歌によって沖縄を束ねている。沖縄をめぐって、皇室と民衆の間には奇妙《きみょう》な非対称性《ひたいしょうせい》があるのです。

■「日本国民統合の象徴」という天皇条項のロジック

安部――日本国憲法第1条には〈天皇は、日本国の象徴であり日本国民統合の象徴であつて、この地位は、主権の存する日本国民の総意に基《もとづ》く〉と書かれています。昭和20年8月に戦争に負けると、日本は天皇制存続、国体《こくたい》存続の大ピンチに陥《おちい》りました。「天皇とはなんぞや。説明しろ」と言われたときに、「日本国民統合の象徴」という回答をひねり出したのです。この絶妙《ぜつみょう》な表現こそ、天皇家の本質を現しているのではないでしょうか。

もともと縄文人《じょうもんじん》が住んでいた土地に西から弥生人《やよいじん》が渡《わた》ってきて、大和朝廷《やまとちょうてい》という征服《せいふく》王朝を打ち立てました。大和朝廷は勢力をどんどん増して、多重複合人種が暮らしていた日本を同一化していきます。

蝦夷《えみし》や隼人《はやと》、アイヌを中心とする先住民族の同一化を進めるに当たって、大和朝廷が何を拠《よ》り所《どころ》にしたのか。『日本書紀』で編み上げた天皇観、万世一系、天孫降臨の思想でした。天皇という特別な存在の前では、皆が平等である。その建前が、大和朝廷の全国支配、全国統一を可能にしていきました。こうした天皇観が、今でも我々の中で大きな部分を占《し》めているのではないでしょうか。

佐藤―安部先生の見立ては、私も賛成です。明治期の日清《にっしん》・日露《にちろ》戦争を経《へ》て、特に満州事変（1931年）以降、天皇は極度に政治・軍事化していきました。こうした天皇の姿は、伝統的な天皇の形ではありません。

安部―そう思います。象徴天皇のほうこそ、伝統的な天皇のありようですよね。なのに日本の歴史の中では、天皇を政治利用しようという動きがたえずありました。

佐藤―天皇を政治利用するときには、必ず「神道は宗教ではない」というロジックを前面に押《お》し出《だ》します。「臣民の慣習」だとか「国家のイデオロギー」といった言い方で、天皇から宗教色を切《き》り離《はな》していくのです。

安部―明治維新によって、当時の日本人は天皇をヨーロッパ風の皇帝に仕立てあげようとしました。この発想は間違《まちが》いであって、歴史的な天皇とは、神道の象徴としてのきわめて宗教的な存在なのです。

日本の歴史を振《ふ》り返《かえ》ると、天皇を政治的に利用しようとしてもうまくいった例はありません。たとえば大化の改新（６４５年）では、天皇を中心とする政治的強化が行われました。それからいくらも経《た》たないうちに、白村江《はくすきのえ》の戦い（６６３年）で日本は敗北します。建武《けんむ》の新政《しんせい》＊3（１３３３～36年）で後醍醐《ごだいご》天皇がやったことなんて、たった3年で崩壊《ほうかい》しました。それと同じことを明治政府もやって、昭和20年の敗戦へとつながったのです。いまだに明治維新礼讃《いしんらいさん》論を唱えている人がいますが、それでは維新後の本当の総括《そうかつ》ができるわけがないと思います。

■公文書破棄は今に始まったことではない

安部—テレビで国会中継《ちゅうけい》を見ていたら、ある野党議員が安倍首相《しゅしょう》に、沖縄返還《へんかん》当時の密約について問いただしました。沖縄返還に際して、日本政府がアメリカに４００万ドルを支払《しはら》う約束を秘密裏《り》にしています。日本政府は「密約は存在しない」という立場を取ってゴマかしてきたのですが、アメリカの国立公文書館で密約を裏づける文書が公開されています。
この件について質問を受けると、安倍首相は国会で〈政府として、米国において公開されたとされる文書の中身について一つ一つコメントすることは適当ではない〉と答弁しました（2019年3月18日、参議院予算委員会）。国内向けの発信と、国際的な発信の中身が全然違う。沖縄密約がダブルスタンダードであることを、安倍首相自ら証明してしまいました。

「なんでこんなことが平気で言えるのだろう」と思いつつ、遣唐使《けんとうし》の時代の日本と唐の外交を見ると、これとまったく同じ構図なのです。日本が遣唐使を送るからには、「日本の王権は唐の冊封《さくほう》支配下にある」「皇帝配下にいる日本の国王が貢《みつ》ぎ物《もの》を送るために、こうして使者を送っている」という形でしか成り立ちません。

佐藤――そのとおりです。

安部――当然そこでは「天皇は皇帝の臣下である」という認識《にんしき》があって、唐に対してもそのように説明しています。ところが国内に戻ってくると「皇帝と天皇は対等だ」と、まったく違う説明をしているのです。

国書のやり取りを記録するとダブルスタンダードであることがバレてしまうので、遣唐使に関する国書は見当たりません。『日本書紀』を読んでも『続日本紀《しょくにほんぎ》』を読んでも、天皇が唐に送った国書も、唐の皇帝から送られた国書も見当たらないのです。ということは、国書が存在したのに破棄《はき》した、あるいは意図的なサボタージュによって敢えて国書として記録しなかったとしか思えません。「国外でどんなことが発表されようと、国内においては直接関係するものではない」。日唐関係において、今日の日米関係と同じようなダブルスタンダードがまかり通っているのです。

■ 国際法と国内法　どちらが優位に立つのか

佐藤―国際法と国内法の関係には、一元論と二元論の二通りの考え方があります。二元論に立つと、国際関係は国際関係、国内関係は国内関係で独立していて、両者はまったく関係ありません。

安部―すると「外交における合意と国内政治はまったく別ものである」というダブルスタンダードが成り立ちますね。

佐藤―日本国内のリベラル派の発想は、そうした二元論ではなく、国内法優位の一元論に偏《かたよ》りがちです。日本国憲法こそ上位にあって、国際条約と国際法は下に位置する。仮に憲法に反することを国際的に約束したとしても、その約束は無効であるという発想です。

これは一見リベラルな考え方に見えるでしょう。ところがナチスの考え方が、まさに国内法優位の一元論なのです。ドイツは第1次世界大戦後に結ばれたパリ不戦条約[*4]（1928年）

に参加しています。なのにナチスは、パリ不戦条約よりもユダヤ系住民の公民権を否定したり、ユダヤ人とアーリア人の結婚を禁止したりした「ニュルンベルク法」*5や「国防法」*6といった国内法のほうが優位だと考えました。国内法優位の一元論で突き進《すす》むと、国際的にとんでもない緊張《きんちょう》をもたらすのです。

安部―現代の日本も、国内法と国際法のダブルスタンダードがまかり通っているのでしょうか。

佐藤―基本的にどの国もそうです。外交の世界には、最終的に国際関係を調停する超越《ちょうえつ》的な権力はありません。だからどの国も都合が悪くなると、国内と国外で議論を使い分けるのです。普通《ふつう》はダブルスタンダードが外部に露見《ろけん》しないように、うまいことゴマかすのですけどね。日本のすごいところは、ダブルスタンダードがもろに外部に露見してしまうことです。普通の国は、そうそう簡単にはバレないようにうまくやります。

■パターナリズムで国民を小バカにする為政者

佐藤―民主主義国の外交は民衆の中、大衆の中に立ってやらなければなりません。外交特有のいびつなダブルスタンダードが発生しかかったとしても、その乖離《かいり》は極小に押《お》しとどめる。「沖縄返還をめぐって密約はあったじゃないか」と言われたときに、「外国の言っていることにはいちいち関知しない」なんて木で鼻をくったようなことを言うようでは駄目《だめ》なのです。そこからは、民衆に近づこうという姿勢は感じられません。

専制国家の外交であれば、そうした態度でも構わないと思います。専制国家においては、国民は政治外交の細かいことなんて知る必要はありませんからね。「オレたちがうまくやるから、お前たち国民は黙《だま》っていろ」というパターナリズム（強い立場の者が弱い立場の者を無理やり従わせる家父長主義）で丸めこまれてしまいます。

昔は町医者に出かけると、医師は両方に肘掛《ひじか》けがついて、背もたれもある立派なイスに座《すわ》っているのに、患者《かんじゃ》はグルグル回る背もたれもないイスに座らされたものです。

安部―そうでしたね。いかにも医師のほうが偉《えら》いと言わんばかりでした。最近の患者用のイスは、背もたれがついたものも増えてきたように思います。

佐藤―また、今は手術をするにも治療《ちりょう》をするにもインフォームド・コンセント（十分な説明による納得《なっとく》）が常識となりました。昔のカルテは、ドイツ語で書かれていて医師にしかわからなかったものです。ドイツ語の知識がない患者がそれを見せられても、何が書いてあるのかまったくわからない。医師から「これを飲んでください」と言われて、中身が何だかわからない薬を平気で飲んでいました。あれは典型的なパターナリズムです。それと同じことが、外交の世界でもまかり通ってしまいがちなのです。

■今こそ「パクス・トクガワーナ」と農本主義に還れ

佐藤―政治家と外交官にとっていくら都合が良いからといって、外交のやり方はパターナリズムに走ってはいけません。ちゃんとインフォームド・コンセントで説明を施《ほどこ》して、いったい何がどうなっているのかきちんと説明し、国民に理解してもらうべきです。だって外交官は、税金で食っているわけですからね。

また、外交官があくまでも平和外交に徹しなければいけないのは当然です。私たちは、今こそ「パクス・トクガワーナ」（徳川幕府による平和）の教訓から真摯《しんし》に学ばなければいけません。

安部―鎖国《さこく》政策という特殊な時代ではありましたが、あの時代の平和外交によって「パクス・トクガワーナ」が実現しました。

佐藤―鎖国政策を採っていたものの、とにかくあの時代に戦争をまったくやらなかったことは事実です。有権者なり支持者から「そんなやり方は弱腰《よわごし》だ」と非難されても、好戦的な姿勢にはけっして走らない。戦争に走る人間のほうこそ弱いのです。

安部―アメリカのトランプ大統領はTPP（環太平洋《かんたいへいよう》パートナーシップ協定）から離脱《りだつ》し、イギリスはEU（ヨーロッパ連合）から離脱しました。これまで世界は自由貿易主義でやってきたはずなのに、このところ大国が内向きな保護貿易主義に走っています。

佐藤―それにならって日本が保護貿易主義に走ったところで、たいして意味はありません。日本の貿易なんて、経済全体のせいぜい16％くらいしかありませんからね。もともと日本には、貿易に過度に依存《いぞん》しなくとも国内だけでまとまってやっていける体制が整っているのです。

これから日本は特にローカルなところを強化して、重商主義ではなく農本主義を重視するべきではないでしょうか。地味で目立たないけれども、中小零細《れいさい》企業の底上げをきちっとやっていくことが重要です。

安部先生と今回お話ししながら、日本の将来の展望を考えるにあたって、農本主義をもう一回見直すことの重要性を再認識しました。日本はバブル経済のときから、あまりにも重商主義と知識中心主義に走りすぎたのです。知識は重要だけれども、知識中心主義は良くありません。知力は人によって差がありますからね。知力のある人ばかりに、権力と富が集中するのを是認《ぜにん》する流れは良くない。

人には一人ひとりそれぞれ特性があります。ちょっと記憶力《きおくりょく》が良くて情報処理能力が高い人が、そこばかりを早回しで先に先に前のめりでやっていく。こういうことを推奨《すいしょう》する社会は、あるとき突然疲《とつぜんつか》れ切《き》ってしまうのです。日本の商社から、外資系の投資銀行やコンサルタント会社に転職する人がいます。そういう人が、再び商社に戻ってくる例がけっこう多いのです。

安部―外資系の投資銀行やコンサルタント会社は、超《ちょう》長時間労働で朝から晩まで馬車馬のように働かされ、相当キツいそうですからね。しかも徹底的《てっていてき》な成果主義ですから、数字を出せない人間はたちまち放逐《ほうちく》されてしまいます。

佐藤―強迫《きょうはく》観念に駆《か》られるかのように働き詰《づ》めの毎日を送り、30代前半で10億円くらい貯金してリタイアするのが、彼らの理想的モデルです。短期間に徹底して10億円荒稼《あらかせ》ぎして、セミリタイアしたあとは、その蓄《たくわ》えだけで悠々自適《ゆうゆうじてき》に生活する。そんなライフスタイルは全然理想的ではありません。それに、そんな会社で真面目に働いていたら、若くして過労死してしまうリスクだってあります。

安部―僕は地方の寒村の出身ですから、そういうウォール街的な働き方はまったく性《しょう》に合《あ》いません。今や日本中で過疎《かそ》化と高齢《こうれい》化が進み、相続放棄《ほうき》地は九州と同じ面積になったそうです。空き家はすでに1000万戸もあります。超高齢社会を迎えた日本社会で深刻な崩壊が進行しているのです。

どうやって日本社会の崩壊を食い止め、地方の活性化にテコ入れすればいいのか。根本的には、教育と哲学《てつがく》を変えないことにはどうしようもありません。

佐藤―私もそう思います。

安部―何かに駆り立てられるせわしない競争教育ではなく、人格と哲学を育てる教育こそ「国家百年の計」にとって重要です。

佐藤―日本はいい加減に入学歴社会と決別しなければいけませんよね。現役《げんえき》であれば18歳、浪人生《ろうにんせい》であれば19歳のときに入った大学の偏差値《へんさち》が、その人の能力であるという誤認《ごにん》がいまだに根強くあります。でも社会に入れば、その人が仕事で見せる活躍《かつやく》と大学入学時の偏差値なんて、まったく関係ありません。

そもそも偏差値なんて人生を決定づける要素ではまったくないのに、大人の深刻な誤認に基《もと》づいて子どもたちを走らせすぎている。そのせいで、子どもたちは消耗《しょうもう》しきっています。日本と韓国に特有の大学入試偏差値至上主義は、危険な流れです。

■千葉県印西市に出没するイノシシの大群

佐藤―これまた農本主義と関係する話なんですけど、最近タワーマンションがあちこちでガンガンできていますよね。こんなにタワマンを造って大丈夫《だいじょうぶ》なのだろうか、と思うのです。

30年後、50年後の日本に、このタワマンで暮らす人口が果たしているのでしょうか。
東京におけるタワマンを見ていると、一昔前の多摩《たま》ニュータウンを思い出します。昔のニュータウンは、縦長ではなく横長に広がっていきました。今のタワマンは30階建て、40階建てで縦に長く広がっています。タワマンは維持費《いじひ》がたくさんかかるため、3分の1くらい部屋に空きが出て管理費を取れなくなると、マンション全体が破綻して廃墟《はいきょ》化する可能性があるのです。

安部—タワマンが廃墟化する時期は、僕は意外と早いと思いますよ。建て直すにしても、あれだけ大きな建物を解体するのは相当大変です。

佐藤—友人が千葉県印西《いんざい》市にいる関係で、私は印西市にときどき出かけます。私の妻は多摩ニュータウンの出身です。多摩ニュータウンは若干《じゃっかん》高齢化が進んではいますが、みんなそんなに疲《つか》れてはいません。それなりに楽しそうにやっています。

多摩ニュータウンと都心の往復の交通費は、京王《けいおう》線に乗っても小田急線に乗っても往復800円弱です。ところが印西市の千葉ニュータウンから都心に出てくるためには、往復で2000円以上も交通費がかかります。

安部—定年を迎《むか》えた夫婦が2人揃《そろ》って東京に出かけてくるとなると、交通費が4000円以上もかかってしまいますね。年金生活者にとっては、4000円の出費はかなり大きいです。

佐藤―だから、おいそれと都心の美術館に出かけるわけにもいきません。バブル期に6000万～7000万円で買った印西市のマンションは、今では評価額がたった500万円です。そのマンションの残りのローンを払《はら》い続けて、退職金でやっと全部ローンを払い終わったと思ったら、手元に残っているのは資産価値500万円のマンションだけです。みんな「話が違う」と怒《おこ》っているわけですよ。しかも困ったことに、印西市ではイノシシが大量発生しているのです。

安部―21世紀のこのご時世に、イノシシですか。

佐藤―今や印西市の生態系の頂点に、人間ではなくイノシシが立とうとしているのです。印西市のホームページを開いて、市がどういう対応をしているのか確かめてみたらビックリしました。印西市では狩猟免許《しゅりょうめんきょ》（わな猟）取得に補助金を出しているのです。市としては、猟《りょう》友会《ゆうかい》のメンバーをもっと増やしたい。イノシシと戦うハンターを増やしたい。だから狩猟免許を取るための費用は、市がほぼ全面的に助成してくれるのです。

安部―「皆さん、猟友会に入って一緒にイノシシを退治しましょう」と呼びかけているのですか。それはすごい話だなあ。

佐藤―印西市のホームページを見ると、イノシシ問題がいかに深刻かがわかります。過去10年で、印西市のイノシシの数は十数倍に増えているようです。

安部―里山をケアする農家の人手が足りなくなったせいですか。

佐藤―ええ。農本主義の崩壊が、こうしたSF小説のような事態をもたらしたのです。イノシシはもともと臆病《おくびょう》な動物ですから、人間が出入りする場所には本来出没しません。里山が荒《あ》れ果《は》てて人間の手が入らないようになると、イノシシは安心して里山で暮らすようになります。しかもイノシシは繁殖力《はんしょくりょく》がものすごくて、ほとんどのメスが毎年妊娠して、4〜5頭の子どもを産むのです。

安部―それは大変だ。イノシシの数がどんどん増えてしまう。

佐藤―あと10年経つと、イノシシの数は印西市の人口を超《こ》えてしまうかもしれません。イノシシと同時に、猿の数も里山で増え始めています。東京・日本橋からわずか50キロの場所で、そういった変化が起きているのです。バブル期に「日本経済はこれからもずっと伸びていく」と信じていた人たちがマンションや戸建て住宅をバンバン造った結果こんなことになりました。農本主義を軽視して重商主義に走ると、こういう困ったことが起きてしまうのです。

■タワーマンションは地方のコンパクトシティにこそ造れ

佐藤―人間が山をたいせつにしない。農との関係をたいせつにしない。農本主義を忘れたことによって、自然界の動物たちが逆襲《ぎゃくしゅう》してきています。その逆襲に対して、ハンターを増やして動物の命を奪《うば》うことが解決法なのでしょうか。生態系の転換《てんかん》を真面目に考えるならば、若い農業者を応援《おうえん》して育てることこそ今の日本に必要なはずです。

安部―まさしく農本主義への回帰です。

佐藤―農業従事者の平均年齢《ねんれい》は68歳くらいですよね。その人たちが70代になっても、今は農業がキツい仕事ではなくなってきているのです。ものすごい重労働だということが、必ずしも今の農業の特徴《とくちょう》ではありません。機械化のおかげで、今は70代の体力でも農業を十分やれる時代なのです。

安部―耕地面積がある程度広ければ、ほぼ機械化で仕事を進められます。

佐藤―北海道では無人トラクターも出てきています。

安部―アメリカやオーストラリアの巨大《きょだい》農場では、昔はヘリコプターや小型セスナ機を使って農薬をバラまいたり、種をまいたりしていました。今はラジコンのオモチャみたいなドローンを使って、費用をかけず簡単に種まきできる時代です。

佐藤―そういうふうにして里山をちゃんと整備していけば、イノシシや猿が人里まで降りてこなくなります。ハンターなんて増やさなくても、人間は自然とうまく共存していけるのです。

安部―そういうモデル地区を、国が積極的に作り出していくべきですね。

佐藤―タワーマンションを造るのであれば、都心部ではなく地方に造るべきです。コンパクトシティ化しなければやっていけないような北海道の市町村に、行政主導でタワマンを造る。そうしたハコモノ政策は、長い目で見てすごく意味があります。

安部―今佐藤さんがおっしゃったことは、実は戦国大名たちがすでにやっていたのです。豪《ごう》腕《わん》の力技《ちからわざ》で新しい城下町を造り、そこに人を呼び集めて商業流通の流れと生産の整合性を保っていく。県庁が置かれている町は、ほとんどがそうやって造られた町です。平成に入ってから、地方の市町村で自治体の統廃合《とうはいごう》が進んできました。広い地域に分散して人が住んでいたら、高齢者と病人のケアができません。江戸の一国一城制のもとでなされたコンパクトシティ化を、今の時代に応用すればいいのです。

佐藤―ただし日本国憲法体制下では、強制移住は認められません。コンパクトシティにタワーマンションを造って、そこに引《ひ》っ越《こ》してくれる人には優遇措置《ゆうぐうそち》を採る。「ワシは最後の1軒《けん》になろうが、生まれ育った村落で住み続ける」という意向の人には、特段の支援《しえん》を施さない。「集中と選択《せんたく》」よりもっと厳しい「集中と捨象《しゃしょう》」を思い切ってやらないと、地方都市のコンパクトシティ化はできません。

企業のリストラと一緒で、ある程度体力があるうちでなければ、こうした思い切った政策を進めることは不可能です。かといってこのまま放っておけば、過疎化と高齢化が進む地方都市は座して死を待つことになりかねません。

安部―人口何人以下だと限界集落化していくのか。40年、50年先の近未来をシミュレーションしながら、今から政策的に人々を誘導《ゆうどう》していかなければいけませんね。ここは政治家に大《おお》風呂敷《ぶろしき》を広げてもらって、農本主義の日本へモデルチェンジするための、思い切った政策を打ち出してもらいたいものです。

■ネジ切り1つ、ネジ1本へ目を向ける視点

佐藤―この対談も、そろそろお開きのときがやってきました。安部先生と今回初めてじっくり対談ができて、非常に良かったです。これまで聞いたことがなかったお話も多く、たいへん勉強になりました。歴史小説家である安部先生の眼差《まなざ》しには、人への温かさがあります。人に温かい人は、社会に対しても温かいのです。温かい目で人と社会を見ていくことのたいせつさを、私は今回あらためて痛感しました。

とかく外交の世界で長く仕事をしていると、「こいつにはどういう意図があるのか」「こう

いう行動を取ると何かの利益があるのか」と、人を疑いの目で見てしまいます。でも人は変わっていくものです。人には良いところもあれば悪いところもある。人を人として、温かい目線で見ていく。そのことの重要性が再確認《さいかくにん》でき、とても勉強になりました。

安部―そう言っていただき恐縮《きょうしゅく》です。初めてこうして緊密《きんみつ》にお話をさせていただくなかで、佐藤さんは根っこのところでとても優しい人なのだということがよくわかりました。佐藤さんはよく「知の巨人《きょじん》」というキャッチコピーで紹介《しょうかい》されますよね。「知の巨人」と聞くと仰々《ぎょうぎょう》しい感じで気後《きおく》れしますが、こうしてお会いしてみると、博覧強記《はくらんきょうき》のインテリジェンスの裏に温かい人間性が脈打っていることがよくわかります。

それにしても、広範《こうはん》な知識をインプットし、たちまち自分のものとして昇華《しょうか》する力には敬服しきりです。今回の対談を通じて、僕も佐藤さんからたくさんのことを教えていただきました。特に政治・外交についての鋭い分析力《ぶんせきりょく》は、外交の修羅場《しゅらば》をくぐった人でなければ身につかないものでしょう。それに『国家の罠』（新潮文庫）でお書きになったような壮絶《そうぜつ》な体験をしておられる。おかげさまで、たいへん意義深い仕事になりました。

佐藤―安部先生の人間的な温かさは、技術に対する視座《しざ》によく表れていると思うのです。鉄《てっ》砲《ぽう》1つにしてもネジ切り1つにしても、安部先生は部品の一つひとつまで目配りしてたいせつにしていかれますよね。「戦国時代の日本では軟鋼《なんこう》が造れなかったはずだ」という話にしても、根っこのところで機械の専門家であるからこそ気づく、鋭い視点です。

安部―僕が工業系の学校の出身ではなく、最初から歴史学を学んでいたら、技術に関する専門的知識はスルーしていたと思います。鉄砲を造るのにどういう材料や技術が必要なのか、機械工学を学んだ僕には気になって仕方ないのです。

佐藤―安部先生が補助線を引いてくださったおかげで、「鉄砲をもったポルトガル人が種子島《たねがしま》に偶然漂着《ぐうぜんひょうちゃく》したなんてありえない。目標と目的意識をもってやってきたのだ」という史実が鮮《あざ》やかに浮《う》かび上《あ》がりました。そのすぐあとにやってきたザビエルが「布教」という目的意識をはっきりもっているのに、種子島に鉄砲をもってきた人たちに目的意識がないはずがありません。「漂流によって偶然たどり着いた」という話にしないと都合が悪かったから、そういう歴史が捏造《ねつぞう》されたのでしょう。

安部―一つひとつ理を積み重ねていくと、歴史学者が語るのとは違った歴史像が見えてくるのです。

佐藤―この本の出版をきっかけに、ぜひまた別の機会にお仕事をご一緒しましょう。次にお目にかかれる日を楽しみにしています。

あとがき

佐藤 優

新型コロナウイルス禍《か》によって、地球規模でゲームのルールが変化しつつある。我が国でも新型コロナウイルス感染者《かんせんしゃ》の急増に伴《ともな》い、4月7日、東京、神奈川、埼玉、千葉、大阪、兵庫、福岡の7都府県を対象に安倍晋三首相《しんぞうしゅしょう》が緊急《きんきゅう》事態を宣言した。同月16日、安倍首相は、緊急事態宣言の対象地域を全国に拡大すると述べた。具体的な措置《そち》は都府県知事に委《ゆだ》ねられるが、この宣言によって、臨時医療施設《いりょうしせつ》のための土地、建物の使用が所有者の同意がなくても可能になった。また、医薬品や食品などの収用も可能になった。しかし、人々の移動や店舗《てんぽ》の影響《えいきょう》の制限に関しては、法的拘束《こうそく》力をもたない自粛要請《じしゅくようせい》のみにとどまる。日本人の国民性を考慮《こうりょ》した場合、自粛で十分な効果が上げられるので、手続きに時間とエネルギーがかかる法律によるよりも、国民の同調圧力に訴《うった》える自粛という選択《せんたく》を政府は採ったのであろう。それは翼賛《よくさん》と親和的だ。翼賛の本来の意味は、〈力を添《そ》えて助けること。天子の政治を補佐すること〉（『デジタル大辞泉』小学館）だ。翼賛は強制ではないという建前だ。人々が自発的に天子（皇帝《こうてい》や天皇）を支持し、行動することが期待される。期待に応えない者は「非国民」として社会から排除《はいじょ》される。新型コロナウイルス対策の過程で、無意識のうちに翼賛という手法が強まっている。確かに現状では、行政府による自粛要請は必要だ。しかし、その過程で無意識のうちに行政府が司法と立法府に対して優位になる可能性がある。それは国家による国民の監視《かんし》と統制の強化に直結する。この危険を過小評価してはならない。

ここで安倍晋三首相の現状認識《にんしき》が重要になる。なぜなら危機においては、民主的手続きによって選ばれた内閣総理大臣（首相）が、日本国の意思を体現するからだ。ジャーナリストの田原総一朗氏が提供した情報が興味深い。〈田原氏は10日に首相官邸《かんてい》を訪《おとず》れ、首相と面会した。田原氏のブログによると、首相は「第3次世界大戦は核《かく》戦争になるであろうと考えていた。だがこのコロナウイルス拡大こそ、第3次世界大戦であると認識している」と語ったという。／田原氏が、「緊急事態宣言はなぜ遅《おく》れたのか」と問うと、首相は財政への悪影響《あくえいきょう》を理由に「ほとんどの閣僚《かくりょう》が反対していた」と明らかにしたという。田原氏は、閣僚による財政悪化への懸念《けねん》を「平時の発想」と指摘《してき》。首相がこうした「平時の発想」から、感染拡大を戦争ととらえる「戦時の発想」に転換《てんかん》したことで、宣言を出すに至ったと分析《ぶんせき》している〉（2020年4月17日「朝日新聞」朝刊）。

行政権の長である首相が「戦時の思想」で政治を運営しているという現実を軽視すべきではない。新型コロナウイルスによる危機が去った後は、「戦時の思想」ではなく「平時の思想」

で国家は運営されるようになる。ただし、それは新型コロナウイルス禍以前とかなり異なると私は考えている。日本と世界の近未来像を予測するための重要なヒントを本書で安部龍太郎が述べている。

〈**佐藤**―関ヶ原の乱は、今になって振《ふ》り返《かえ》ると「国家路線の選択の乱」でした。

安部―まったくおっしゃるとおりだと僕は見ています。「重商主義か農本主義か」「中央集権か地方分権か」という「国家路線の選択の乱」でした。西日本は資本的に高度に発達しており、西日本の大名は重商主義の利益享受《きょうじゅ》者です。ところが東日本は貿易の利益とはあまり関係ないため、重商主義ではなく農本主義で行かざるをえません。

家康は関東8カ国（相模《さがみ》・武蔵《むさし》・安房《あわ》・上総《かずさ》・下総《しもうさ》・常陸《ひたち》・上野《こうずけ》・下野《しもつけ》）に追いやられたとき、この8カ国に農本主義と地方分権のモデルケースを作り上げました。家臣には5万石とか10万石しか所領をあげなくて、みんなで競《きそ》わせながら土地開発に当たらせたのです。その手法は、関東8カ国においてみごとに成功しました〉（本書209〜210頁）

歴史は繰《く》り返《かえ》すと言うが、まったく同じ形で反復することはない。ここで重要なのは類比的（アナロジカル）に思考することだ。今回の新型コロナウイルス禍を関ヶ原の乱に見立ててみよう。西日本の重商主義は、現在のヒト・モノ・カネの移動を重視する新自由主義と親和的だ。グローバリゼーションは、新自由主義によってもたらされた。これに対して、東日本の農本主義は土地と結びつき、生産の思想を重視する。これはナショナリズムと親和的だ。もちろん、高度に経済が発達した現状で、閉鎖《へいさ》体制を採ることはできない。国家を主体とするインターナショナリズム（国際主義）が発展していくことになる。いずれにせよ、今後は国家機能が強化されるという方向に国際政治のゲームのルールが変化していくことになる。国家は重要だ。しかし、国家を崇拝《すうはい》する国家主義は危険だ。国家主義の危険性を過去の歴史から学ぶことが重要だ。そして「国家主義は間違《まちが》った宗教である。国家のために人間が存在するのではなく、人間のために国家が存在するのだ」という価値観をしっかり体得することが重要と思う。そのための武器として本書を活用してほしい。

本書を上梓《じょうし》するにあたっては、幅武志・潮ＷＥＢ編集長にたいへんにお世話になりました。どうもありがとうございます。

２０２０年４月22日、曙橋（東京都新宿区）の書庫にて

後注

■第1章

＊1　**朴正熙**［1917～79］韓国の政治家。軍部クーデターで権力を握り、1963年大統領。独裁による工業化（開発独裁）で高度経済成長を実現した。

＊2　**安重根**［1879～1910］近代朝鮮の独立運動家。伝統的な儒学教育を受け、のちキリスト教に改宗。1909年満州に潜伏し、初代韓国統監伊藤博文をハルビン駅頭で暗殺、その翌年に処刑された。

＊3　**伊藤博文**［1841～1909］政治家。吉田松陰に学び、倒幕運動に参加。初代総理大臣。枢密院・貴族院の初代議長を歴任。立憲政友会総裁を務め、日露戦争後に初代韓国統監となるが、安重根により暗殺。

＊4　**加藤清正**［1562～1611］安土桃山時代の武将。秀吉に仕え、賤ヶ岳七本槍の一。文禄の役・慶長の役で朝鮮に出兵。関ヶ原の戦いでは東軍につく。築城の名手で、熊本城の設計は有名。

＊5　**小西行長**［?～1600］安土桃山時代の武将。受洗名アグスチン。秀吉に仕え、文禄の役・慶長の役で活躍。秀吉の死後、石田三成らと行動をともにし、関ヶ原の戦いに敗れ、処刑された。

＊6　**李舜臣**［1545～98］李氏朝鮮の武将。文禄の役で日本水軍を撃破し、慶長の役でも善戦したが、露梁海戦で戦死。

＊7　**金大中**［1925～2009］韓国の政治家。1998年大統領に就任。北朝鮮に対して融和的外交（太陽政策）を提唱し、金正日総書記と初の南北首脳会談を実現。1998年小渕恵三首相と日韓共同宣言を発表し、韓国での日本文化開放を推し進めた。

＊8　**源平の争乱**　古代末期に登場する清和源氏と伊勢平氏との一連の対立・抗争事件。保元の乱、平治の乱を経て平氏政権が誕生。治承・寿永の内乱後、源頼朝による鎌倉幕府に至る。

＊9　**南北朝の騒乱**　鎌倉幕府滅亡後、後醍醐天皇と足利尊氏が対立。1336年、尊氏が京都に光明天皇

を擁立したため、後醍醐天皇は奈良の吉野に逃れた。その後、朝廷は京都の北朝と吉野の南朝に分かれ、互いに争ったが、1392年に南北朝が合一。

＊10　毛利元就［1497～1571］戦国時代の武将。陶晴賢・大内義長・尼子義久らを滅ぼし、山陰・山陽10カ国を領有する戦国大名となった。

＊11　大化の改新　大化元年（645）から翌年にかけて中大兄皇子・中臣鎌足が中心となって行った一連の政治改革。唐の律令制を手本として、公地公民制による中央集権国家建設を目的とした。

＊12　始皇帝［前259～前210］中国、秦の初代皇帝。前221年、中国を統一して絶対王制を敷いた。郡県制の実施、度量衡・貨幣の統一、焚書坑儒による思想統一、万里の長城の修築など事績が多い。

■**第2章**

＊1　尚寧王［1564～1620］琉球王国の国王。1609年薩摩の侵入を受け、敗戦して奄美地方を失い、琉球は薩摩の従属国となった。

＊2　織田信雄［1558～1630］安土桃山・江戸初期の武将。信長の次男。秀吉と小牧・長久手で戦ったが、その後に和睦。大坂の陣では家康に味方した。

＊3　白村江の戦い　663年朝鮮半島・白村江での日本・百済連合軍と唐・新羅連合軍との戦い。日本は、唐・新羅軍に攻略された百済救援に軍を進めたが大敗し、百済は滅亡。日本は朝鮮半島進出を断念した。

＊4　トルデシリャス条約　1494年スペインとポルトガル間に締結された海外領土の分割条約。93年ローマ教皇は、スペイン、ポルトガル間の植民活動を調整するため、ベルデ岬諸島の西約500キロの子午線を境界線として、西方をスペイン、東方をポルトガルの活動領域とした。しかしポルトガル王はこの決定に不服で、両国の直接交渉の結果、境界線を西に移動することで条約が成立。これによりブラジルがポルトガル領となる。1529年にはサラゴサ条約として改定。境界線の適用が大西洋に限定されたことで、ポルトガルのアジアにおける優位が決定的となった。

＊5　マゼラン〔１４８０?〜１５２１〕ポルトガルの航海者。１５１９年西回り航路により、南アメリカ南端でマゼラン海峡を発見し、さらに大海原に出てこれを太平洋と命名して横断。フィリピン諸島に達したが、マクタン島での戦いで落命。残った1隻が１５２２年にスペインに帰着して初の世界一周を成し遂げた。

＊6　フェリペ2世〔１５２７〜98〕スペイン王。神聖ローマ帝国皇帝を兼ねた父カルロス1世からスペインとインディアス、ナポリなどの海外領土、およびミラノとフランドルを継承。ポルトガル王位も占め、その支配圏は未曾有の広がりをもった。

＊7　イエズス会　１５３４年スペインのイグナティウス・デ・ロヨラが6名の同志と結成し、１５４０年に教皇認可を受けたカトリック男子修道会。清貧・貞潔・同志的結合を重んじ、布教・教育に力を注いだ。

＊8　レコンキスタ　７１１年にイスラム教徒に占領されたイベリア半島をキリスト教徒の手に奪回する運動。１４９２年のグラナダ開城まで続いた。この過程でポルトガル・スペイン両国家が成立。

＊9　後ウマイヤ朝〔７５６〜１０３１〕スペインにあったイスラム王国。アッバース朝に敗れたウマイヤ家のアブドゥル・ラフマーン1世がイベリア半島に逃れ、ウマイヤ朝を再建。ヒシャーム2世の時代にキリスト教諸王国のレコンキスタ（再征服）に対抗して傭兵制による勝利を得るも、１０３１年に後ウマイヤ朝が滅び、20の小王国に分裂。

＊10　バルト〔１８８６〜１９６８〕スイスのプロテスタント神学者。著書『ローマ書』で、近代神学の人間的傾向を退け、神のことばによる神学を主唱して神の人間からの超越と自由を説いた。

＊11　フロマートカ〔１８８９〜１９６９〕チェコのプロテスタント神学者。１９３０年代から反ファシズム運動に尽力。68年の「プラハの春」後、ソ連のチェコ侵攻に死去直前まで抗議した。

＊12　ＳＧＩ　創価学会の国際的機構。１９７５年世界51カ国の代表で発足。初代ＳＧＩ会長は池田大作氏。現在は、１９２カ国・地域のメンバーからなり、生命尊厳の仏法を基調に、人類の平和、文化、教育への貢

献を目指す活動に取り組む。

＊**13　広宣流布**　仏法を広く宣べ流布すること。法華経薬王菩薩本事品第23には「我が滅度の後、後の五百歳の中、閻浮提に広宣流布して、断絶して悪魔・魔民・諸天・竜・夜叉・鳩槃荼等に其の便を得しむこと無かれ」（法華経601頁）とある。日蓮は、末法において地涌の菩薩が出現して妙法を全世界（閻浮提）に広宣流布していくことを示した文と位置づけている。

＊**14　ザビエル**［1506〜52］イエズス会の創設メンバーの1人。ポルトガル王の依頼でインドのゴアに派遣され、その後、日本に初めてキリスト教を伝えた。

＊**15　日蓮**［1222〜82］日本の鎌倉時代の仏教者。釈尊の精神は一切衆生の成仏を説く『法華経』にあると主張。その真髄として、宇宙と生命を貫く「妙法」（南無妙法蓮華経）を弘通した。1260年、民衆の幸福と安穏を願う対話形式の書『立正安国論』を為政者に提出し、国王への諫暁を続けた。二度の流罪など数々の弾圧を受けたが、生涯、屈しなかった。世界平和の実現を目指しゆく広宣流布の行動を繰り広げ、後事を直弟子の日興に託した。法門を説いた論文のほか、門下などへの多くの手紙は、『日蓮大聖人御書全集』（創価学会版）に収録されている。

＊**16　内村鑑三**［1861〜1930］無教会派キリスト教伝道者。札幌農学校在学中に受洗。聖書研究会を開き無教会主義を唱えた。足尾銅山鉱毒反対運動に関わり、日露戦争に際しては非戦論を主張した。

＊**17　西郷隆盛**［1828〜77］政治家。討幕の指導者として薩長同盟・戊辰戦争を遂行し、維新の三傑の一人と称された。

＊**18　上杉鷹山**［1751〜1822］江戸中・後期の大名。米沢藩主。藩政の改革に努め、節倹を率先励行、財政改革・殖産興業・新田開発を行い、藩政を立て直した。藩校興譲館を設立。

＊**19　二宮尊徳**［1787〜1856］江戸後期の農政家・思想家。農家に生まれ、没落した家を再興。のち幕臣となった。徹底した実践主義者で、その思想・行動は報徳社運動として受け継がれた。

＊20　**中江藤樹**［1608〜48］江戸初期の儒学者。日本陽明学派の祖。初め朱子学を修め、のち陽明学を首唱して近江聖人とよばれた。

■**第3章**――――――――――――――

＊1　**応仁の乱**［1467〜77］細川勝元と山名宗全の対立に将軍継嗣問題や畠山・斯波両家の家督争いが絡んで争われた内乱。京都で始まり、全国的規模に発展。京都は荒れ果て、将軍の権威は失墜した。

＊2　**平清盛**［1118〜81］平安末期の武将。保元の乱・平治の乱で躍進し、源氏の勢力を抑えて従一位太政大臣となった。対宋貿易を振興し、六波羅政権を樹立。娘徳子を高倉天皇の妃とし、その子安徳天皇の即位により皇室の外戚として威を振るった。

＊3　**楠木正成**［1294〜1336］南北朝時代の武将。後醍醐天皇の鎌倉幕府討伐計画に応じ、幕府軍と戦う。建武の中興の功績で河内の国守と守護を兼ね、和泉守護となるが、足利尊氏と摂津湊川で戦い、敗死。

＊4　**赤松円心**［1277〜1350］南北朝時代の武将。元弘の変では天皇方で討幕に参加したが、建武の中興後は足利尊氏の北軍で活躍。播磨の守護となる。

＊5　**名和長年**［?〜1336］南北朝時代の武将。隠岐を脱出した後醍醐天皇を船上山に迎え鎌倉幕府軍と敵対。建武政権で要職を務めるも足利尊氏に敗れる。

＊6　**後醍醐天皇**［1288〜1339］第96代天皇。天皇親政・人材登用など政治の改革に努め、鎌倉幕府打倒を図ったが、正中の変・元弘の変に失敗、隠岐に流された。のち脱出して建武の中興に成功したが、足利尊氏の謀反により2年余で新政府は倒れた。

＊7　**山名氏**　室町時代の守護大名。清和源氏新田氏の支流。南北朝末期には一族で中国地方を中心に11カ国守護職をもつ。明徳の乱で衰退。のちに勢力を回復し、幕府侍所所司にも復帰。応仁・文明の乱後衰退。

＊8　**大内氏**　南北朝〜戦国時代の豪族。弘世の時、足利氏に属し山口に本拠を置く。その子義弘は6カ国の守護を兼ねた。応永の乱で衰えたが再興し、日明貿

易で富強を誇る。義隆の時、家臣陶晴賢に滅ぼされた。

＊9　**島津氏**　南九州の豪族。鎌倉時代薩摩国島津荘の下司職・地頭職を保持、のち薩摩・大隅・日向の守護を世襲。戦国時代に貴久により薩隅日を統一。子義久が九州全土をほぼ平定。のち秀吉に敗れ、版図は薩隅日に縮小された。

＊10　**グロチウス**〔1583～1645〕オランダの法学者。法に自然法的基礎づけを与えて中世の宗教思想から解放し、従来の国際慣行を体系化した。

＊11　**コロンブス**〔1451～1506〕イタリアの航海者。アジアをめざし大西洋を横断、サン・サルバドル島に至る。以後3回の探検で中央アメリカ沿岸を明らかにするが、そこをインドの一部と信じたまま死亡。

＊12　**ガマ**〔1469?～1524〕ポルトガルの航海者。ヨーロッパ人として初めてアフリカ大陸南端の喜望峰を回り、大陸東岸を経て、翌1498年インドのカリカットに到達。1524年インド総督となるが、同年没。

＊13　**上杉家**　勧修寺流藤原氏。南北朝時代以後関東管領を世襲し、越後・上野などの守護職をもち、扇谷、詫間、犬懸、山内の四家に分かれ繁栄。16世紀には衰え、最後に残った山内家も小田原北条氏に圧迫され、越後の長尾景虎（謙信）に管領職と家名を譲った。

＊14　**王直**〔?～1557〕中国、明代の倭寇の首領。平戸・五島列島を本拠に明の沿岸を襲う海賊として名をはせるも、勧誘により帰国して殺された。

＊15　**フロイス**〔1532～97〕ポルトガルのイエズス会宣教師。信長の信任を得て畿内・九州での布教のかたわら『日本史』を著す。長崎で没。

＊16　**ダンテ**〔1265～1321〕イタリアの詩人、政治家。ルネサンス文学の先駆者で、早逝したベアトリーチェへの精神的愛を終生の詩作の源泉とした。政変による追放後、放浪のうちに著作を続けた。

＊17　**ヴァリニャーノ**〔1539～1606〕イタリアの宣教師。イエズス会の東洋巡察師として来日。大友宗麟ほか九州諸大名を教化。また、活字印刷機をも

たらし、キリシタン版と呼ばれる『どちりな・きりしたん』などの教義書、辞典、文学書、『伊會保物語』『平家物語』などの欧文、和文の書物を出版した。

＊18　ロヨラ［1491～1556］イエズス会創立者。スペイン、バスク地方の出身。軍人であったが負傷を機に回心。エルサレム巡礼後、1534年パリで6人の同志とともにイエズス会を結成する。

＊19　バチカン　イタリアのローマ市内に位置し、ローマ教皇を元首とする世界最小の独立国。全カトリック教会の総本山である教皇庁がある。

■第4章

＊1　オルガンティーノ［1530～1609］イタリアのイエズス会宣教師。インド・マラッカで布教の後、来日。信長に信任され、近畿地方で布教・教育活動を行う。秀吉の時代に迫害され、長崎で死去。

＊2　津田信澄［?～1582］織田信行の長男。明智光秀の娘婿。本能寺の変の際に、光秀の縁者を理由に織田信孝に殺された。

＊3　徳川信康［1559～79］家康の長男。信長の娘・徳姫と結婚するが、武田勝頼との関係を信長に疑われ、家康の命により21歳で切腹。

＊4　橋本龍太郎［1937～2006］日本の政治家。1995年自民党総裁。その翌年、社会党などとの連立政権で首相に就任。

＊5　梶山静六［1926～2000］日本の政治家。竹下内閣の自治相、通産相、法相を歴任し、党幹事長。のち第1・第2次橋本内閣の官房長官を務める。

＊6　小渕恵三［1937～2000］日本の政治家。1987年竹下内閣で官房長官。のちに自民党幹事長、外相などを歴任し、98年首相に就任する。

＊7　野中広務［1925～2018］日本の政治家。自民党幹事長代理、1998年小渕内閣で官房長官を歴任し、森内閣で自民党幹事長を務める。

＊8　**慈円**［1155〜1225］鎌倉初期の天台宗座主。関白藤原忠通の子。九条兼実の弟。著書『愚管抄』。家集『拾玉集』がある。

＊9　**大村純忠**［1533〜87］日本初のキリシタン大名。南蛮貿易中心の外交政策を行い、大友・有馬氏とともにローマ教皇に少年使節を派遣した。

＊10　**徳川慶喜**［1837〜1913］江戸幕府第15代将軍。将軍継嗣問題で敗れ、安政の大獄では隠居謹慎を命じられる。桜田門外の変以後は家茂の後見職をつとめ、家茂の死後、大政奉還し江戸城を明け渡した。

＊11　**榎本武揚**［1836〜1908］日本の政治家。オランダに留学し、帰国後に幕府の海軍奉行。戊辰戦争で敗れるも特赦され、北海道開拓使となる。のちロシアとの間で樺太・千島交換条約を締結。

＊12　**斎藤一**［1844〜1915］新撰組の隊士、警察官。戊辰戦争では幕府軍として戦うも、会津藩が降伏後に投降。のち明治政府の警視庁に採用される。

＊13　**大友宗麟**［1530〜87］戦国時代の武将。洗礼名フランシスコ。北九州6カ国を支配し、ローマ教皇に少年使節を派遣。島津氏に大敗し、衰退した。

＊14　**毛利輝元**［1553〜1625］安土桃山時代の武将。元就の孫。本能寺の変により秀吉と和睦。のち秀吉に仕えて五大老の一人となるが、関ヶ原の戦いで敗れ、所領を長門・周防に削られた。

＊15　**黒田如水**［1546〜1604］安土桃山時代のキリシタン大名。通称、官兵衛。如水は法号。秀吉の参謀格として、各地に転戦。また、文禄・慶長の役に従軍し、関ヶ原の戦いでは徳川方に属す。

■**第5章**

＊1　**誠仁親王**［1552〜86］正親町天皇の第1皇子。父の譲位に先だって没したため、子の後陽成天皇によって太上天皇の尊号を追贈された。

＊2　**足利義昭**［1537〜97］室町幕府第15代将軍。信長に擁立されて将軍となるも、のち信長を討とうと

して京都を追われ、室町幕府は滅亡した。

＊3　長宗我部元親［1539〜99］戦国時代の武将。土佐さらに四国全土を支配したが、秀吉の四国征伐で降伏。九州征伐・朝鮮出兵に参加。

＊4　安国寺恵瓊［?〜1600］安土桃山時代の臨済宗の僧。秀吉の信任を得て寺領を与えられ、東福寺・安国寺を復興。関ヶ原の戦いでは西軍についた。

＊5　藤原道長［966〜1028］平安中期の公卿。娘を次々と后に立て、外戚となって内覧・摂政・太政大臣を歴任、権勢を振るい、栄華をきわめた。

■**第6章**

＊1　島津義久［1533〜1611］安土桃山時代の武将。薩摩・大隅・日向の3国を領し、九州全土を統一支配。秀吉の九州征伐で降伏。

＊2　フセイン［1937〜2006］イラクの政治家。1980年イランに侵攻。90年クウェートに侵攻するが、多国籍軍との湾岸戦争に敗北。2003年のイラク戦争で米軍に拘束され、06年死刑。

＊3　コンスタンティヌス大帝［274?〜337］ローマ皇帝（在位306〜337）。ミラノ勅令を発して信教の自由を認め、自らもキリスト教徒となり、さらに教会内の紛争の調停に努めた（ニカエア公会議）。

＊4　リキニウス帝［263?〜325］ローマ皇帝（在位308〜324年）。キリスト教を公認（ミラノ勅令）し、コンスタンティヌス大帝と帝国を二分するが不和となり、キリスト教を弾圧。コンスタンティヌス大帝に敗れて処刑された。

＊5　アウグスティヌス［354〜430］初期キリスト教の西方教会最大の教父で、正統的信仰教義の完成者。

＊6　スコラ神学　キリスト教会の教理の体系化をめざした哲学。

＊7　ドミニコ会　カトリック修道会の一つで、12

16年ドミニクスが創立した托鉢修道会。清貧生活を旨とし、学問と教育を重んじて説教による異端者の帰正に努めた。

＊**8　アクィナス**［1225?〜74］イタリアの哲学者・神学者。キリスト教とアリストテレス哲学を総合し、スコラ学を完成。中世最大の哲学者。著書『神学大全』『護教大全』など。

＊**9　アリストテレス**［前384〜前322］古代ギリシャの哲学者。プラトンの弟子。『オルガノン』（論理学書の総称）『自然学』『動物誌』『形而上学』『ニコマコス倫理学』『政治学』『詩学』などを著し、古代で最大の学問体系を樹立した。

＊**10　スアレス**［1548〜1617］スペインの神学者・哲学者・法学者。アクィナスの学説を中軸に、スコラ哲学を総合的に体系化した。

＊**11　アルビ派**　キリスト教異端の一派。1209年アルビジョア十字軍が、アルビの中心トゥールーズの住民を無差別に虐殺。1330年には消滅した。

＊**12　フス派**　15世紀初頭のボヘミアの宗教改革者ヤン・フスの教説を信奉する人々。急進的なタボル派と穏健な改良主義者たちの二派があった

＊**13　アナバプテスト派**（再洗礼派）宗教改革時代、ドイツ・スイスなどで起こった急進的プロテスタントの一派。極端な教理により各地で迫害・弾圧された。

＊**14　メノナイト派**　再洗礼派教会の一派。スイスで起こり、迫害後オランダのシーモンスにより再興された。新約聖書に基づき絶対平和主義を唱える。

＊**15　バプテスト派**　17世紀初頭イギリスの清教徒内部から起こったプロテスタントの一教派。現在では長老派、組合派と並ぶプロテスタント三大教派の一つで、アメリカでは最大教派。

＊**16　ドストエフスキー**［1821〜81］ロシアの小説家。20世紀の文学に多大の影響を与えた文豪の一人。著書『罪と罰』『白痴』『悪霊』など。

＊**17　コエリョ**［1530?〜90］ポルトガルの宣教

師。イエズス会司祭として来日し、肥前大村（長崎県）を中心に活動した。

＊18 藤堂高虎［１５５６～１６３０］安土桃山時代・江戸初期の武将。浅井長政・羽柴秀長・豊臣秀吉らに仕えた。関ヶ原の戦い、大坂の陣では家康に属し、伊勢・伊賀など32万石に封ぜられた。

＊19 フランシスコ会 フランチェスコにより１２０９年に創立された托鉢修道会。清貧を重んじ、１５９３年日本に伝道開始。

＊20 アダムズ［１５６４～１６２０］イギリスの航海士。１６００年オランダ船リーフデ号の水先案内人として豊後に漂着。家康の外交顧問になり、相模三浦郡に領地を与えられる。日本名は三浦按針。

＊21 アルマダの海戦 １５８８年イギリス海軍がスペインの無敵艦隊（アルマダ）を破った海戦。スペインの衰退とイギリスの台頭の契機となった。

＊22 ジョアン3世［１５０２～57］ポルトガル王。父王マヌエル1世から最盛期のポルトガル海洋帝国を受け継ぐ。カトリック保護政策を採り、ユダヤ人の追放、宗教裁判所の確立、海外布教活動を進めた。

＊23 豊臣秀次［１５６８～95］安土桃山時代の武将。秀吉の甥。１５９１年秀吉の養子となり、ついで関白となった。秀頼誕生後は秀吉の寵を失い、高野山に追放されて、自殺を命ぜられた。

＊24 北政所［１５４９～１６２４］秀吉の正妻。秀吉が関白になると従三位に叙せられ、北政所と称された。秀吉の死後出家し、高台院の号を勅許された。

＊25 石田三成［１５６０～１６００］安土桃山時代の武将。秀吉に才知を認められて五奉行の一人となり、太閤検地など内政面に活躍。秀吉の死後、関ヶ原の戦いで家康に敗れ、処刑された。

■第7章

＊1 近衛前久［１５３６～１６１２］安土桃山時代の公卿。右大臣を経て、１５５４年関白・氏長者、左

大臣に転ずる。詩歌・書に長じた。信長・家康らを頼ってたびたび地方に下り、中央文化の地方伝播に貢献。

＊2　織田信秀［1508～51］戦国時代の武将。信長の父。今川義元・斎藤道三と対立。のち、斎藤氏と和睦して道三の娘を信長の妻とした。

＊3　武野紹鷗［1502～55］室町後期の富商・茶人。茶の湯では村田珠光の孫弟子。侘びの境地を確立、千利休・津田宗及・今井宗久らの門弟を養成した。

＊4　千利休［1522～91］安土桃山時代の茶人。千家流茶道の開祖。信長・秀吉に仕えて茶頭となり、天下一の宗匠と評される。政治にも参画するに至ったが、秀吉の怒りを買い自刃を命じられた。

＊5　足利義政［1436～90］室町幕府第8代将軍。弟義視を養子としたが、実子の義尚が生まれるとこれを将軍にしようとして応仁の乱の一因となった。

＊6　津田宗及［?～1591］安土桃山時代の豪商・茶人。千利休・今井宗久とともに三大宗匠と称された。

＊7　今井宗久［1520～93］安土桃山時代の堺の豪商・茶人。信長に近づいて堺対策に協力し、多くの利権を握る。のち、秀吉の茶頭となる。

＊8　神谷宗湛［1553～1635］安土桃山から江戸初期の豪商。秀吉の保護を受け、中国・朝鮮・南方諸国と交易。千利休と交わり、茶人としても有名。

＊9　壬申の乱　壬申の年にあたる672年、天智天皇の弟の大海人皇子と天皇の長子である大友皇子が、皇位継承をめぐって起こした内乱。大友皇子が敗北して、翌年、大海人皇子が天武天皇となった。

＊10　大海人皇子［?～686］第40代天武天皇。飛鳥浄御原律令の編集を命じ、国史の編修を開始し八色の姓を制定、律令制度を強化確立した。

＊11　北畠顕家［1318～38］南北朝時代の公卿・武将。陸奥守として義良親王を奉じ、奥羽に下向したが、足利尊氏の反乱により西上。のち任地に帰ったが、再度上洛の尊氏と戦い、和泉で戦死。

＊12　**豊臣秀頼**［１５９３～１６１５］安土桃山時代の武将。秀吉の次男。関ヶ原の戦いで家康の東軍に敗北。のち徳川秀忠の娘千姫と結婚したが、大坂夏の陣で敗れ、母の淀君とともに自殺。

＊13　**マキャベリ**［１４６９～１５２７］イタリアの政治思想家。政治を宗教・倫理から独立した存在として、純粋に力関係においてとらえ、近代政治学の祖となった。

＊14　**徳川秀忠**［１５７９～１６３２］江戸幕府第２代将軍。家康の三男。武家諸法度の制定など幕政の整備に努めた。

■**第8章**

＊1　**ロベスピエール**［１７５８～94］フランスの政治家。ジャコバン派の中心人物としてジロンド派を追放。革命の防衛の名のもとに恐怖政治を強行した。

＊2　**セラシエ**［１８９２～１９７５］エチオピア皇帝。１９１６年のクーデターにより摂政を経て即位。74年軍部左派主導の革命で廃位され、拘禁中に死亡。

＊3　**建武の新政**　１３３３年（元弘３）５月に鎌倉幕府を滅ぼしてから、１３３６年（建武３）10月に足利尊氏に降伏するまでの後醍醐天皇の政治。

＊4　**パリ不戦条約**　１９２８年8月パリで調印された戦争放棄に関する条約。日・米・英・仏などの原加盟国15カ国が調印し、その後63カ国が参加した。

＊5　**ニュルンベルク法**　１９３５年に制定されたユダヤ人の公民権を奪う人種差別法。ユダヤ人との通婚の禁止（「ドイツ人の血と名誉の保護のための法」）、公職追放（「帝国公民法」）などを定めた。

＊6　**国防法**　１９３５年に制定。この法律で女性への国防に対する義務が課せられ、新防空法により、女性も防空任務につくことが決定された。

日本

1477年	応仁の乱が終わる　群雄割拠の始まり
1510年	三浦の乱を経て、日朝貿易が断絶
1523年	寧波の乱を経て、大内氏が滅亡し、日明貿易が断絶。倭寇の再興
1534年	織田信長誕生
1543年	ポルトガル人により種子島に鉄砲が伝来
1560年	信長今川義元を破る（桶狭間の戦い）
1568年	信長足利義昭を擁して入京
1571年	信長比叡山焼き討ち
1573年	信長義昭を京都から追放
1575年	信長武田勝頼を破る（長篠の戦い）

世界

711年	イスラム教徒がイベリア半島を占領
722年	レコンキスタが始まる
1488年	ディアス喜望峰に到達
1492年	グラナダ開城　コロンブスサン・サルバドル島に到達
1494年	トルデシリャス条約締結
1498年	ガマインド西岸に到達
1511年	ポルトガルマラッカを占領　中国貿易が始まる
1517年	宗教改革　プロテスタントの誕生
1521年	マゼランフィリピン諸島に到達
1534年	イエズス会の創設
1540年	イエズス会ローマ教皇の認可を受ける
1549年	ザビエル来日　ヴァリニャーノらが続く

1581年	信長ヴァリニャーノと面会
1582年	信長武田氏を滅ぼす（甲州征伐）
	信長死去（本能寺の変）
1585年	秀吉関白に就く
1586年	秀吉コエリョに征明の意図を語る
1587年	秀吉バテレン追放令
1591年	秀吉ヴァリニャーノと面会
1592年	秀吉朝鮮出兵（文禄の役）
1597年	秀吉朝鮮出兵（慶長の役）
1598年	秀吉死去
1600年	家康関ヶ原の戦いに勝利 幕藩体制確立へ
1605年	キリスト教徒の信者数が70万人を超える
1609年	琉球侵攻
1613年	家康全国にキリスト教禁止令
1616年	家康死去　貿易港が平戸・長崎に
1625年	スペイン船の来航禁止
1629年	踏み絵が始まる
1635年	渡航・帰国の全面禁止
1636年	ポルトガル人の出島移転
1637年	島原の乱
1639年	ポルトガル船の来航禁止

1580年	スペインによるポルトガル併合
1581年	オランダの誕生（スペインから独立）
1582年	ヴァリニャーノが日本から退去
	九州のキリシタン大名が天正少年使節団を送る
1584年	スペイン日本に来航　フランシスコ会などの
	宣教師が布教を始める
1587年	スペイン対日貿易に乗り出す
1588年	イギリススペイン無敵艦隊（アルマダ）を壊滅
1600年	イギリス東インド会社創設
1602年	オランダ東インド会社創設
1609年	オランダ日本に来航
1613年	イギリス日本に来航

安部 龍太郎　あべ・りゅうたろう　（作家）

１９５５年福岡県八女市（旧・黒木町）生まれ。久留米工業高等専門学校機械工学科卒業。東京都大田区役所勤務、図書館司書として働きながら小説を執筆。90年に『血の日本史』で作家デビュー。２００５年に『天馬、翔ける』で中山義秀文学賞を受賞。13年に『等伯』で直木賞受賞。著書『彷徨える帝』『関ヶ原連判状』『信長燃ゆ』『恋七夜』『道誉と正成』『下天を謀る』『蒼き信長』『冬を待つ城』『維新の肖像』『姫神』『おんなの城』『蝦夷太平記　十三の海鳴り』など多数。現在、徳川家康の大河小説を連載中（「自立篇」「不惑篇」の2冊が単行本化）。

佐藤優　さとう・まさる
（作家・元外務省主任分析官）

１９６０年東京都生まれ。同志社大学大学院神学研究科修了後、専門職員として外務省に入省。英国の陸軍語学学校でロシア語を学び、在ロシア大使館勤務を経て、帰国後は外務省国際情報局で主任分析官として活躍。２００２年、背任と偽計業務妨害容疑で逮捕・起訴され、２００９年６月に執行猶予付き有罪確定（２０１３年６月に満了し、刑の言い渡しが効力を失った）。著書『国家の罠』（毎日出版文化賞特別賞）、『自壊する帝国』（新潮ドキュメント賞、大宅壮一ノンフィクション賞）、『十五の夏』（梅棹忠夫・山と探検文学賞）、『世界宗教の条件とは何か』など多数。同志社大学神学部客員教授も務める。

潮新書 035

対決！日本史
戦国から鎖国篇

2020年　6月20日　初版発行
2021年　12月2日　2刷発行

著者｜安部龍太郎
佐藤　優
発行者｜南　晋三
発行所｜株式会社潮出版社
〒102-8110
東京都千代田区一番町6　一番町SQUARE
電話　■03-3230-0781（編集）
■03-3230-0741（営業）
振替口座■00150-5-61090

印刷・製本｜中央精版印刷株式会社
ブックデザイン｜Malpu Design

ISBN978-4-267-02245-6 C1221

初出｜まえがき　書き下ろし
第1～3章（一部）「潮」2020年1月号、2月号、「潮WEB」（全7回の連載）
第3～8章　本書のための語り下ろし
あとがき　書き下ろし
対談は2019年10月～20年2月にかけて行われました。